自分で動ける

部下の育て方

期待マネジメント入門

中竹竜二

ディスカヴァー携書
119

携書化によせて

「おまえたち、わかったか？」「はいっ！」

いまだ、スポーツの現場で見かける指導者と選手のやり取り。文章で書くと「？」を使った質問ですが、実際は質問ではありません。残念ながら、コーチングでもありません。

こうした指導を受けている選手たちが、自分で考えて、自分で動けるようになるのは、極めて難しいことです。

そこで、その指導者は言います。

「なぜ、自ら動かないんだ。もっと自分で考えて、自分で動け！」「はい！」

これもまた指導の現場で目にする光景です。残念ながら、これも同じく育成やコーチングとはいえないでしょう。しかし、まだまだこの類のやり取りが、スポーツの現場に限らず多くの育成の場で起こっているのは事実です。では、何がいけないのでしょうか？

自分で考えて、自分で動けるようになりなさい。

もちろん、このメッセージ自体は間違いではありません。ただし、上司が部下にこのメッセージだけをひたすら言い続けたところで、部下が自律的に動くようになる可能性はとても低いでしょう。


足が遅くて悩んでいる選手に、ボールを持ったら速く走りなさい。

方程式が解けずに苦しんでいる生徒に、方程式を活用して解を出しなさい。

企画書をうまく作れずもがいている部下に、顧客を満足させる企画書を作りなさい。

「できないこと」を「できるようになれ」と言うのはとても簡単です。しかし、通常これらのメッセージを言い続けても、受け手（選手、生徒、部下）はなかなか変われません。

すると、指導側（指導者、先生、上司）からこんな言葉が出てきます。

「何度も言っているのに、あいつらは全然成長しない」

私はこの一連の流れを**「指導者の他責サイクル（循環）」**と呼んでいます。**変化や成長しない事実を、受け手側の責任にしてしまう態度が生み出す悪循環**のことです。このサイクルにハマると大抵の場合、指導側も受け手も残念な結果に終わります。冷静に考えれば当たり前のことなのですが、結構、知らず知らずにこのサイクルにハマってしまう危険性があります。なぜなら、ヒトは正しいことを言っているときは自己否定をしないからです。「自ら動く」「速く走る」「うまく仕事をする」といった指導者や上司が掲げる理想のメッセージは、受け手にとっても、常に正しいものであり、反論などできません。よって受け手は「はい、頑張ります」としか言わざるを得ない状況ができあがります。そこが落とし穴。正しいことを言っている側が、あたかも育成している気分になってしまうのです。

上司や指導者の役割は、正しいことを言うのではなく、部下や選手を変化させること。正しいことを言う＝指導する、ではないことを指導側が気付けるかが、部下の育成する際の鍵となるでしょう。

指導者、先生、上司、親といった育てる側が「指導者の他責サイクル」に陥らず、目の前の可能性を秘めた人材とどのように接していくべきか。できないこと（＝課題）をできるようになれ（＝理想）といった端的な指導ではなく、**指導側が目の前の現象に責任を感**

じ、個々に対応していくことを、私は「指導者の自責サイクル」と呼んでいます。

現在、私は公益財団法人日本ラグビーフットボール協会のコーチングディレクターとして、2019年ラグビーW杯日本開催に向けて指導者の育成（＝コーチのコーチング）を担っています。すなわち、選手が持つ課題を一手に背負う「自責サイクルを積んだコーチ」の発掘と育成が私に与えられたミッションです。立場柄、各世代におけるラグビー日本代表の合宿や遠征に帯同することも少なくありません。

2013年3月、高校日本代表のイタリア&フランス遠征に帯同中、移動の合間をぬって、ミラノ在住でプロのピアニストとして現地で活躍している友人の吉川隆弘さんと落ち合いました。駅前のカフェで濃いエスプレッソを飲みながら、ヨーロッパの音楽界における指導法や考え方について尋ねてみると、とても興味深い答えが返ってきました。

「すべての音楽界の指導者を知っているわけではないけれど、基本、このヨーロッパでは個性を大切にする文化が根付いている。まあ、逆にいえば、集団行動できないくらい個人主義が発達しているんだろう（笑）。だから、ピアノや声楽のレッスンも個別対応で、ひたすら弾かせて、ひたすら歌わせて、最後に少しだけ誉めるといったやり方が主流です。

だから教師はあまり教えない。ただし、弾いているときや歌っているときというのは、生徒は自分のメロディや歌声を、案外、正確には聴けていないんだ。だから、教師はそばにいてきちんと聴いてあげることが大切で、ちょっとした気付きを提供することが一番の役割だと思う」

もし、ピアニストや歌手が、自分の演奏や歌唱を100％聴けていないというのなら、スポーツ選手はなおさら、自分のプレーが見えないはず。ということは、コーチの役割は選手のプレーをそばにいてきちんと見てあげることが大前提ではないか。また、プレーヤーが自分のパフォーマンスを完璧に見えないのなら、コーチはさらに自分のコーチングが見えないはず。ということは、コーチングディレクターとしての私の役割は、コーチにたくさんコーチングを実践していただき、きちんと観察し、少しだけ誉めることではないか。

そんなことを考えた一時でした。

その後、フランスに渡り、パリ郊外のラグビーの試合会場へ――。

極論すると、私は試合を見ません。おそらく、スタジアムで唯一ゲームに集中しない人間だと思います。なぜなら、コーチの指導を担っている私の目線のすべては、監督やコーチの言動に集中するからです。たとえば、試合前にどのような言葉を選手にかけ、選手のコンディションをどのように把握し、チームの集中力や一体感をどのように創りあげ、ハーフタイムには何をフィードバックしているか。また、試合中動揺せず敵の布陣や戦略を冷静に分析できているのかを、徹底的に観察します。実際、監督やコーチ陣からすれば、とても嫌がられる存在でしょう。一方で非常に大切なポジションだとも認識しています。理由は、繰り返しになりますが、ヒトは自分のことは見えないからです。

本書は、私自身の拙い指導ぶりを、できる限り自己観察したものがベースです。当然、そのなかでの成功事例を中心に紹介していますが、その10倍は失敗事例があります。皆さんが、上司としての指導ぶりや親としての躾ぶりを振り返る一つのキッカケとなり、正論を連呼するのではなく、己に矢印を向けた「自責サイクル」を構築していただけたなら幸いです。

中竹竜二

はじめに

部下の成長を願う上司、リーダーへ

あなたの部下は、期待通りに成長していますか？

期待しているのに、成長のスピードが遅かったり、仕事へのモチベーションが低かったりして、「うまく育たない」と悩んでいないでしょうか？

それは、そもそも部下への期待のかけ方が間違っているのかもしれません。

子どもの成長を願う親、先生へ

あなたのお子さんは、期待通りに成長していますか？

期待しているのに、同級生と比べて劣る気がしたり、勉強に興味を持ってくれなかったり、才能があると思う分野に見向きもしなかったり……と悩んでいませんか？

それは、そもそも子どもへの期待のかけ方が間違っているのかもしれません。

就活中の学生、新入社員など、自分の強みを見つけたい人へ

あなたは、面接や、目標管理の面談で、自分らしい強みをきちんと言えますか？

強みがハッキリ言えなかったり、自分で強みと思っていることが相手に伝わらなかったり、と悩んでいませんか？

それは、そもそもあなたが自分に間違った期待をかけているのかもしれません。

自ら成長したいと思うすべての人へ

あなたは、自分が思い描いた通りに成長できているでしょうか？

こんなはずではなかった。もっと、評価されてもいいはず。ちゃんと一人前になりたい

……でも、自分に全然成長が見えず、歯がゆさを感じていたりしませんか？

それは、あなたが自分にかける期待と、周囲からの期待とが、ミスマッチを起こしているのかもしれません。

……つまり、あなたの期待は、
部下や子ども、
あるいは自分自身の成長や成功を
阻《はば》んでいるかもしれないのです。

部下に、子どもに、自分に、そしてときには上司に……。

人は日々、多くの「期待」を抱いて生きています。そのほとんどが、相手、あるいは自分の成長や成功を願い、正しい振る舞いを願い……と、「よかれと思って」「その人のためを思って」なされるものがほとんどでしょう。

しかし、ともするとその期待が、相手に、自分にあらぬプレッシャーをかけたり、やる気を失わせたり、本当の強みを見誤らせたり、と、逆のベクトルに結果を向かわせることがあるのです。

子どもが、絵を上手に描いたとき。「上手ね、もっと描いて！」「きっと才能がある。絵の学校に通ったらいいよ」

部下が必死に新規開拓をして、営業目標を達成したとき。「これならうちのエースになれる。次は、うちの部署の最重点エリアをきみに任せよう」

サークルのリーダーに推薦されたとき。「人の前に立って率先して引っ張っていくのは苦手だけれど、就活の役に立ちそうだからやっておこう」

このような言葉は、部下に、子どもに、自分に期待をするからこそ、出てくる言葉です。もちろん、こうした言葉が意欲やモチベーションを高め、能力をどんどん伸ばすきっかけになることは少なくありません。

でも、逆に、子どもは絵を描く気を失い、部下は新規開拓の足が重くなり、リーダーという重責に耐えかねる自分に気付く。つまり、意欲もモチベーションも下がってしまうこともあるのです。

この違いは、果たして何でしょうか？

私は早稲田大学ラグビー蹴球部の監督として、杉並区学校運営協議会会長として、そして日本ラグビーフットボール協会・コーチングディレクターとして、多くの選手の指導にあたりながらチームを率い、また、保護者や先生という子どもを指導する役割の方々と接してきました。

そこで気付いたこと。

期待のかけ方一つで、人の成長や成功が、ひいてはゴールの達成が大きく左右されるという事実です。

人を育て、ゴールに導くための正しい期待のかけ方。それを伝えるために、本書を著しました。

正しい期待をかければ、人は必ず成長する。これは私の信念です。

第1章、第2章では、まず「間違った期待」と「正しい期待」について理解していただきます。

そのうえで、第3章から第5章まで、私が指導にあたり、成長してくれた選手たちの事例も交えながら、部下を、子どもを、そして自分を成長や成功に導くテクニックを紹介します。

多くは、上司や親、つまり「期待をかける側」のテクニックを中心に展開しますが、人は同時に、「期待をかけられる側」でもあります。期待をかけられる側として、自らの成功や成長をコントロールするテクニックは、4章で紹介しています。

のちに詳述しますが、正しい期待をかけるということは、自分らしさ、その人らしさを見つけていくプロセスでもあります。就職活動中の学生や、まだ自分の強みがわからない若手の社会人にもぜひ、読んでいただきたいと思います。

そして、そうしたテクニックを理解した後に、ご一読いただきたいのが第6章の「成長しつづけるための期待の哲学」です。

哲学とは、思想や本質です。

テクニックやノウハウが世界にはあふれています。ただし、本質を理解しなければ、うまくいかないときに、その理由がなぜかわかりません。

たとえうまくいったとしても、うまくいった理由がわからず、次に応用が利かないのです。哲学を理解してこそ、どんな状況、どんな相手にでも、上手に期待をかけられるようになっていきます。

すべての人が、正しい期待をかけ、かけられて成長、成功できるように。
ゴールを達成できるように。
そして、自分らしく生きられるように。
そんな願いを、本書に込めています。

2011年

中竹竜二

自分で動ける部下の育て方

期待マネジメント入門

目次

第2章　正しい期待が、人を成長・成功に導く　59

第3章 他者への期待を使いこなし、最高の成果を引き出す 91

第1章
なぜ、あなたの期待はかなわないのか

あなたの「期待」、かなっていますか？

部下に成果を出してほしい。
部下にもっと仕事に前向きに取り組んでほしい。
自律的に動けるように成長してほしい。
子どもにもっと勉強してほしい。
「いい子」になってほしい。
親がもっと寛容だったらいいのに。
上司にリーダーシップを発揮してほしい。
自分の会社に成長してほしい。
夫の給与がアップしないかな。
妻の料理がもっとうまくなってくれたら。
日本の政治家に、将来のヴィジョンを示してほしい。
もっと行政サービスを充実させてほしい。

このように、人は、部下や子どもに対してのみならず、上司、配偶者、親、さらには国や政治・行政にまで、日々、さまざまな期待を抱いています。

皆さんもちょっと考えてみてください。

誰（何）に、どんな期待を抱いていますか？　きっと同じような期待を誰かにかけているのではないでしょうか。

「期待しているんだから頑張ってね」と声をかけたり、直接声が届かない自社の経営トップ、政治や行政に対しては、会社の同僚や友人たちと「今のままではダメだよね。こうすべきだ」と飲みながら話したりしていませんか。

そして、それは期待した通りになっているでしょうか。

実際には、かなっていないことが多いのではないでしょうか。

「うちの部下（子、生徒）は○○してくれないんです」

実際に私は、こうした半ば愚痴のような悩みを上司、親、学校の先生からよく聞きます。

せっかく期待しても、それが期待通りにならない。

期待通りにならなかったとき、そこにフラストレーションが生じる。

そんな状況ならば、皆さんの「期待」に対する「態度」が間違っていると考えられます。

それはどんな間違いでしょうか。

そしてその間違いをおかしている限り、「期待通り」の結果を得られる可能性は非常に少ないのです。

リーダーシップを期待したら……

早稲田大学ラグビー蹴球部の監督に就任して、1年めのことです。私を含む指導陣は、4年生のある選手に対する期待のかけ方を大きく失敗してしまいました。

仮にAくんとしましょう。

Aくんはプレーヤーとしての実力は抜きんでており、常に高いパフォーマンスを上げ続けていました。そんな彼に、指導陣や他の選手がかけた期待は、「リーダーとしての役割」。実力者だっただけに、Aくんは信望が厚い存在だったのです。

とはいえ、彼は「口数が少ない」という、リーダーとしては不利になりがちな面を持っていました。後輩に教えるにしても、「背中で教える」タイプ。しかし、ときどき口にするその言葉には重みがありました。

もし、彼がもっとリーダーシップを発揮して、積極的に発言し、人をまとめていってくれたら、もっとチームはよくなり他の選手が成長するだろう。

そのように、私たちは考えたのです。

また、彼にリーダーの役割を期待したのは、現実的な理由もありました。

ラグビー蹴球部は1軍から5軍まで、約120人の選手が在籍していました。その中で、なんらかのリーダー的役割を担う選手は、毎年約10人。それを、常に試合に出られるような実力のある選手から選ばなければなりません。リーダーシップを最も発揮してほしいのは、試合において、なのですから。試合に出場するのは15人。控えを入れても20人程度です。

リーダーシップは高くても、試合に出られないような選手だとあまり意味がない。だからこそ、Aくんのようなリーダーに向かないタイプでも、リーダーに選ばなければならなかったのです。

私たちはAくんが他の選手の前で発言する場を、多く設けるようにしました。そして、ある大会ではキャプテンまで任せたのです。

果たして、どんな結果を生んだでしょうか。

彼がキャプテンとして率いたチームはあっさり負けを喫し、リーダーとして力を発揮できなかったばかりでなく、その後、みるみるうちに選手としてもパフォーマンスを下げていってしまいました。

Aくんにとっては、「人前で話す」「人を率いる」という期待が重荷であり、大きなストレスとなって、本来の力を発揮できなくなったのです。

つまり、私たちの期待は完全に外れました。


一メンバーとして力を発揮していた営業が、マネジャーに昇格したとたん、力を発揮できなくなる。

優秀な技術者がプロジェクトマネジャーになっても、そのプロジェクトがうまくいくとは限らない。

このようなことが、企業でも数多く起こっているのではないでしょうか。

期待がうまくかみ合えばパフォーマンスは大幅アップ

しかしその一方で、かなう期待もあることは事実です。

大歓声によるサポーターの期待は、選手を鼓舞し、チームに勢いを持たせ、勝利に導く原動力にもなりうることも少なくありません。実際にスポーツ心理学の世界では、周囲の声援や応援が、人体のパフォーマンスを上げることも実証されています。

ビジネスの現場でも、リーダーを任せたとたん、目立たなかった人が急に輝き始めることがあります。


「期待通り、プロジェクトを成功に導いてくれまして」

「期待通り、医大に入ってくれまして」

などと、誇らしげに語る上司や親もよく見ます。

この差は、何によって起こるのでしょうか？

この差を知るには、期待通りになる理由とそうでない場合の理由をそれぞれ解き明かさなければなりません。

1章では、まずは期待通りにならず、期待がムダに終わる理由を考えていきます。

「期待通り」にならない理由❶
自分勝手な「強制要望」だから

オーロラツアーを知っていますか？

その名の通り、カナダやアラスカなど、極地に近いエリアにオーロラを見に行くツアーです。そこに参加する人たちは、マイナス数十度の夜、オーロラが現れてくれることを期待して、ひたすら待ち続けます。

しかし、結局見られずに帰国する人も少なくないそうです。

その一方で、ヨーロッパから帰国するときに、飛行機の中からふと外を見たら美しいオーロラが夜空を覆っていた、などという経験をした人もいます。これは「期せずして」という言葉が、まさに当てはまる例です。

そう考えると、そもそも期待すること自体、空しいと思うのではないでしょうか。期待していようがいまいが、偶発性に左右されるのが、人生なのかもしれません。

このように書くと、それはネガティブな考え方だと思う人もいるでしょう。だったら、自分が期待してもしなくても同じ、ということになってしまうからです。

もちろん、本書でこれから述べていくように、かけ方によって期待はとても大きな効果を生むものですが、まずはこのように自分の無力さを認識することが、実は「期待」するということの正しい態度なのだと思います。


「期待」という言葉を分解すると、「期して」「待つ」こと。

また、一般的な辞書にならえば、期待とは「よい結果や状態を予期して、その実現を待ち望むこと」とあります。そう、あくまで、「予期」したことを「待って＋望む」ことなのです。

のちに「自らに対する期待」についても語りますが、「期待」は基本的に自分以外の他者や物事に対してかけるものです。


たとえば、オーロラのように。

オーロラツアーに参加をしたら、「オーロラが見られる」という「よい結果」を「期待」するのは当然でしょう。ただし、期待しても、その結果を得るために、できることはありません。オーロラが出ることをひたすら望んで待っているしかないのです。

残念ながら、オーロラが見られなかったとしたら、どうでしょう？

確かにがっかりするでしょうが、誰を責めるわけにもいきません。何しろ相手は、自然現象であるオーロラなのですから。

もちろん、「わざわざ飛行機に乗って、数千キロも旅をして、寒い思いをしたのに」という愚痴が出てくるでしょう。しかし、オーロラにしてみれば、文句を言われる筋合いはありません。見られることを期待してやってきたのは、こちらの勝手、ということになるのです。

誰を責めても仕方のないことです。いえ、強いて言うのであれば、勝手に期待した自分を責めるしかありません。

そして最終的には、あきらめるしかないのです。

政治や国、大企業のトップなど、自分にはいかんともしがたい「大きな存在」に対しては、多くの人がオーロラを待ち望むような、そんな態度で向き合っているのではないでしょうか。

しかし、実は、身近な人に対してだって、同じなのです。

部下や子ども、夫、妻、上司……。

彼らに期待を抱いたとしても、彼らにしてみればあなたが勝手に期待を抱いただけなのです。いくらあなたが期待したとしても、期待するよい結果にたどり着くために、行動を起こすのは「彼ら」です。

期待する側は、オーロラを待つのと同じように、ただただ、「よい結果を待つ」ことが正しい態度なのです。

ただし、やっかいなのは、部下や子ども、配偶者のように、身近な相手であればあるほど、「ただ待つ」ということがしにくい点です。オーロラに「出てこい」と言っても無意味なことは皆、わかっています。だから、一定の距離を置いて、客観的に待ちの姿勢を決め込むことができるのです。

しかし、部下や子どもに対しては「本当に期待しているんだから頑張れ」と上司、親は叱咤します。そのときの上司、親のそれは、すでに「期して」「待つ」を超えていることに気付いていません。自分が勝手に期待しておきながら、「待ちきれず、押し付ける」の意味を持つ「強制要望」になってしまっているのです。

そして、この「強制要望」こそが、期待通りの成果を阻む要因の一つなのです。

子どもの頃、「立派な大人になるために勉強しなさい」と言われたことのある人は思い出してみてください。過度なプレッシャーがかかったり、けむたく思ったりしたのではないでしょうか。

そして、やる気を失った経験はないでしょうか。

先のAくんへのリーダーとしての期待も、私たち指導陣の勝手な強制要望にすぎませんでした。

期待という名の「強制要望」をすることによって、悪い結果を招くということが、それほど低くない確率であり得るというわけです。

前項のように書くと、「本人がよい方向に向かうように励ますのが、何がいけないんだ」「相手のためを思ってやっているのに」と、反論する人もいるでしょう。

しかし、本当に「相手のためを思って」いるでしょうか？

なぜ、その相手に、なぜ、期待するのか。

この問いをじっくりと考えることで、「相手のためを思って」という言葉に潜むリスクが見えてきます。次の項目で、そのリスクの正体を解き明かしていきましょう。

「愛」と「自己都合」を押し付けている現実

なぜ、皆さんは部下、子ども、配偶者、上司などに期待するのでしょうか？　あらためて考えてみたことがありますか？

ここではわかりやすく身近な人に「頑張ってほしい」と期待することの「なぜ」を考えてみましょう。

その答えは、

「(部下に) 高いスキルや能力を身につけて、成長してほしいから」

「(子どもに) 立派な大人になってほしいから、いい暮らしをしてほしいから」

「(夫に) 昇進して、高い給与を得てほしいから」

などが一般的です。

では、さらに突っ込んで考えてみてください。

なぜ「成長してほしい」「立派になってほしい」「いい暮らしをしてほしい」「高い給与を得てほしい」と思うのでしょうか？

この問いに対する解を導き出す方法として、ここでは「対極視点法」を使用します。これは、アカデミックな研究分野ではよく活用される視点ですが、特に名称がないので、私がそう名付けました。

事象の対極に注目する方法で、たとえば理想像を描くときに、まず理想でないものを描く、というように、対極にあるものを具体化することで、なかなか見えにくい対象物の輪郭や本質を明らかにしていきます。

物事の原点を探るときにとても有効であり、また、見たいものが見えにくいときに、その輪郭を露わにするための便利な方法です。

具体的には、先ほどの「なぜ、期待するのか？」の質問であれば、「なぜ、期待しないのか？」という二つの問いを並べ、「期待する相手」と「期待しない相手」を対比することで、その本来の解を探っていきます。

「自分の子ども」にはすごく期待しているけれど、

「近所の子ども」に期待はしない。

「自分の部下」にはすごく期待しているけれど、

「隣の部署」の若手には期待していない。

「わが社の社長」にはすごく期待しているけれど、

「他社の社長」には期待していない。


さて、期待する相手と期待しない相手との差は何でしょうか？

ここから見えてくるのは、「自己都合や利害関係」と「愛」です。

部下や社長、あるいは会社に対して「頑張ってほしい」と思うとき、そこに「愛」や「ロイヤルティー（忠誠心）」もあるでしょう。しかし、実際にはその期待が自分の利益に直結するから、つまり、次のような「自己都合・利害関係」の場合が多いはずです。

部下が頑張ってくれないと、マネジャーとしての自分の責任を問われる。

社長が頑張ってくれないと、自分の給与が下がったり、働く場がなくなったりしてしまうかもしれない。

期待をかけるとき、多くの場合、かける側はかける相手に対して深いかかわりがあります。深いかかわりがそこにあればあるほど、相手の行動や成果が、自分自身の身に降りかかってきます。

つまり、直接的な「利害関係」が成立し、結局は「自分のため」に相手に期待をかけている、ということなのです。

このような「利害関係」による自己都合はもとより、「愛」も、相手の意思はそこに介在していません。

「自分の子どもなんだから、期待して当たり前でしょ」

実は、「なぜ自分の子どもに期待するのか」という問いに、多くの親はこのように答えます。そこには、「愛」が存在します。親として子どもを愛するのであれば、子どもの成長や幸せ、いい暮らしぶりを期待するのは当然、というのが多くの親の言い分です。

しかし、愛するのは勝手ですが、それに応えてくれ、というのは、相手への強要にすぎないのです。とはいえ、「相手のためを思って」は、「自分勝手な思い」だということに、多くの人が気付けずにいます。それが、間違った期待に結びつく要因になっているのです。

そうした親の「強制要望的」な「愛」をベースにした「期待」を子どもが強く感じたとき、たとえそれが自分の目指す方向とズレていたとしても、子どもはそれに応えようとすることがあります。

ある知人の中学生の娘の話。

とても多忙な看護師である母親を持ち、長女だった彼女は、弟や、ともすると父親の面倒を見ることすらありました。洗濯をしたり、弟の宿題を見たり、食事の後片付けをしたり……。そうした長女を、両親はとても自慢げにいつも話していました。

両親と彼女と一緒に食事をしたりすると、その振る舞いはもう、完璧に「大人」です。「いつも父がお世話になっております」。そんな言葉が自然に口から出てきます。なんだか大人びた子どもだなあ、といつも思っていました。

そんな彼女を、両親がいないところで他の子どもたちと話しているのを見たことがあります。そのとき、私を驚かせたのは、とても普段の彼女とは思えない「意地悪さ」が際立っていたことでした。

それは、親が自慢できるような姿ではありません。

やはり、無理していたんだな。そう思うと、かわいそうになったのを覚えています。

一概には言えませんが、親が「いい子」であることを期待し、その「理想像」を生きようとした子どもの歪みが、そのような形で出てきてしまった可能性は少なからずあるはずです。

間違った強制要望の期待は、それがたとえ「愛」に起因していても、悲劇を生む、ということを示す例だと思います。

「期待通り」にならない理由❷

期待のミスマッチに気付いていないから

しかしながら、極論すれば、「なぜ」の理由が「愛」でも「自己都合・利害関係」でも、それ自体は仕方がないことです。「愛」も「自己都合・利害関係」も、人と人がかかわりを持てば、その深浅はあっても必ず存在しますから、「持つな」ということではありません。

問題は先に述べたように、「愛」や「自己都合・利害関係」のせいで、期待の内容が相手を無視した自分勝手な押し付けになってしまいがちなことにあります。

たとえば、花を育てるとき。あなたの前に一粒の種があります。それをあなたは、バラだと思って一生懸命育てています。しかし、咲いた花はチューリップだった……。

こんなことが起こったら、期待外れでがっかりするでしょうし、それまで抱いていた期待はムダと感じるでしょう。いくら手塩にかけて育てても、チューリップの種からバラが咲くことはないのです。

また、春に種を蒔いて、夏に咲くことをワクワクして待っていたとします。しかし、その花がもともと秋に咲く花であれば、夏に咲くはずはありません。「育ちが遅い」といって過度に水をやったりすれば、枯れてしまうことすらあるでしょう。

さらに、「植物は太陽の光に当てなければ」と勝手に思い込んで、毎日日なたに出していたら枯れてしまった。そんな経験はないでしょうか。それは、直射日光を好まず、日陰の涼しいところを好む花だったのかもしれません。

こんな例を読むと、当たり前、と笑う人もいるでしょう。そもそも期待の中身にミスマッチがあるのだから、期待外れに終わっても仕方ない、と。

しかし、これも、私たちの日常で、「人」を相手に起こりがちなことなのです。

たとえば、営業マネジャーの場合。

自分の利害もあるでしょうし、また、部下への愛もあって、部下には高い営業成績を達成してほしいと思うでしょう。

自らの若い頃を思い出し、必死に電話でアポ取りを繰り返したり、一軒一軒新規開拓に回ったりと、さまざまな努力をして、なんとか目標をクリアしてほしい。そんな期待を抱くとします。

しかし、部下にしてみれば、営業にそもそもそれほど興味を持てず、成果を出してそこで頑張ることより、他のスキルを身につけて別の部署に異動したいのかもしれない。これは、「チューリップにバラになること」を望むのと同じ期待のミスマッチが起こっているといえます。

あるいは、目標をクリアしたいという意志はあっても、インターネットを活用するなど、もっと別のやり方を試したいと思っているかもしれない。これは花が咲くまでのプロセスを、育てる側が理解していないのと同じことです。

このようなミスマッチによって、何が起こるでしょうか？

期待する側とされる側が違うゴールに向かっているのだから、その結果に対し、期待する側ががっかりするのは当たり前でしょう。

そして、あまりに過度に期待を口にして、本人の意思を無視したゴールを設定したり、育て方をしたりするならば、部下はやる気を失う、プレッシャーに悩む、上司に対して「うざい」とけむたさを感じる、ということが起こりかねません。

ともすると、間違った期待をかけるばかりに、花のように枯れてしまうことすらあるでしょう。

前述のAくんがリーダーの役割を与えられ、そのプレッシャーから、もともと高かった選手としてのパフォーマンスすら挙げられなくなったことも、このミスマッチが理由でしょう。本人は、リーダーの役割よりも、プレーヤーとしての活躍を望んでいたに違いありません。

「期待通り」にならない理由❸
期待が「あいまい」だから

また、期待の多くが「あいまい」であることも、あなたの期待が悪いベクトルに向かう一つの要因です。

ある講演での一コマです。

中竹：（受講者の一人に）あなたは、誰に期待をかけているんですか？
受講者：上司や同僚にかけることもありますが、まあ、部下や自分の子どもが多いですね。
中竹：具体的に、何を期待しているんですか？
受講者：いろいろありますが、部下であれば、うちは営業部ですから営業目標を達成してほしいと思っています。
中竹：じゃあ、成果を期待しているんですね。だとすれば、そのプロセスではどんな手段を取っても構わない、ということでしょうか？
受講者：……いや、それは……。やはりプロセスは大切にしてほしいし、立派な振る舞いを期待していますね。

中竹：成果かプロセスか態度か。あなたが一番期待していることはどれなんでしょうか？

受講者：……。

別に意地悪をしているわけではありませんが、このように突き詰めていくと、多くの人が黙り込んでしまいます。

営業目標を達成してほしい。

この具体的、明確に思える期待ですら、実際には「あいまい」なまま、かけられているのです。

この対話を整理してみましょう。

ここに登場した期待の種類は、

・成果（数字やスキルの習得など、具体的なゴール）

・プロセス（その成果にたどり着くまでの手法）

・態度（その成果にたどり着くまでの取り組みの姿勢）

ということになります。

もし、本当に目に見える成果だけを期待するのであれば、そのプロセスや態度など、どうでもいいはず。そうであれば成果に対する期待をひたすらしていればいいわけです。しかし、実際には期待をかける側も、自分が何を求めているのかよくわからなくなっていることが少なくありません。

たとえ成果を出したとしても、そのプロセスや態度が自分の想定と合わなかったとしたらどうでしょう。

たとえば一軒一軒いわゆるドブ板営業をすることで、お客さまの大切さを理解してほしかったのが、インターネットでリサーチして効率よくあたりをつけ、軽々と目標を達成してしまったら。

あるいは仕事への取り組み姿勢がどこかダラダラしていたり、先輩に対する尊敬が見えなかったりしたら。

「もっと丹念に一軒一軒、当たるべきだ」「もっとひたむきな姿勢で臨め」と、部下に苦言を呈することになりかねません。

するとと、部下だって、「成果を出せって言ったじゃないか」と不満を言いたくなります。

そして、「結局、自分が何をやったって評価されないんだ」と思うでしょう。

「あいまいさ」は、期待をかける側とかけられる側の信頼関係を壊し、かけられる側のモチベーションを下げることにつながりかねないのです。

これ以外にも、いろいろな例があります。

結果はどうでもいい、次世代のリーダーとなるために目標達成のプロセスの中で学べ。そういう期待を部下に抱いていたとします。

これは部下の長期的な成長を願う期待ですが、実際には学んでいるようには見えても、まったく成果が上がらない。すると、イライラして部下にもっと数字も上がるように頑張れという。

子どもにかける期待の場合。

子どもに期待するといっても、それは有名大学や有名企業に入るなど、目に見える具体的なゴールなのか、長い将来にわたって幸せに過ごしてほしいというプロセスなのか、立派な態度で何事にも臨んでほしい、という態度なのか。これがあいまいだから、1回1回のテストの成績に一喜一憂してしまうのです。

次世代リーダーになることを部下に期待する上司も、大器晩成でいいからいつか大きな人間になってほしいと願う親ですら、毎月の目標をクリアできなかったり、学校の成績が芳しくなかったりすると、「期待外れ」とがっかりします。

あるいは、あいまいな期待にしておくばかりに、前項で述べたような、期待をかける相手との「ミスマッチ」が起こる、ということもあり得ます。

次世代リーダーとして育ってほしい。

この期待も、かける側は新しい事業モデルを作っていけるような、社内外のネットワークを持ち、アイデアと実行力を備えた人材であることを想起しているかもしれない。しかし、期待をかけられる側は、後輩の話を親身になって聞き、成長を支援することを目指そうとしているのかもしれません。

いい子になってほしい。幸せな人生を歩んでほしい。

こうした子どもに対するあいまいな期待も同じです。

既述のように、「うざい」と一蹴すればまだましですが、その期待をまっとうしようとしたのに、「期待外れ」と言われたら、期待をかけられた側もつらいでしょう。

そう、双方にとって、いいことは決してないのです。

正しい期待、間違った期待とは？

では、期待をかけることが悪いのか。

期待をかけることがムダなのか。

私はそう思っていません。本章の冒頭でお話ししたように、期待をかけることによって、相手の高いパフォーマンスを引き出し、大きな成果を挙げたり成長させたりすることが可能だからです。

ここまで挙げてきた通り、期待外れに終わるのには、それなりに理由があるのです。

もう一度ここで、かなわない期待を整理しましょう。

❶ 実際に行動するのは「他者」であるにもかかわらず、強制的に要望している

❷ 期待の内容が、期待をかける相手の認識とミスマッチを起こしている

❸ 期待の内容が、あいまいである

逆説的に言えば、これらの問題を解消することで、「期待」によって相手を支援し、「期待通り」の結果を得られる可能性が高まる、ともいえるのです。

私たちが誰かに期待をかけようとするとき、常に自らの胸に問いかけなければならないのは、相手にやる気を失わせたり、プレッシャーをかけてはいないか、つまり、必要のない期待をかけてはいないだろうかということです。

そして、その期待は、結局は自分をがっかりさせるような期待、ムダな期待、つまりは「間違った期待」ではないだろうか、ということも自問自答すべきです。

せっかく期待をかけるのならば、それは相手にとって必要な期待であり、自分にとってもかなう期待、すなわち「正しい期待」でありたいものです。

では、それはどのような期待でしょうか？

どのような方法でかけるのでしょうか？

それらについて、2章で語っていきます。

第2章
正しい期待が、人を成長・成功に導く

必ず成果の出る期待の条件

ここからは、かなう期待、そしてムダではない期待、つまり正しい期待のかけ方についてお話ししたいと思います。

そもそも、正しい期待とは、どんな期待でしょうか。

前章で挙げたかなわない期待❶〜❸の裏返しを考えてみましょう。

❶ 前提として、実際に行動するのは「他者」であることを認識し、自分の勝手な思い込みを押し付けない

❷ 自分の期待は、相手の「こうなりたい」とマッチしている

❸ 期待の内容が、具体的である

あくまで私の定義ですが、これらを満たすものが、正しい期待だと考えています。

この定義を満たすために、私は誰かに期待をかけるとき、「プロジェクトマネジメント」

の思想と方法論を持ち込んでいます。

- プロジェクトのゴールを明確にして、メンバー全員がそれに共感、共有する
- ゴールに至るまでの道のりや、課題を解決する術を明らかにする
- メンバーという「他者」の意欲を高め、ゴールの達成に向けた行動を促していく

プロジェクトをマネージするときのリーダーの役割を挙げれば、このようなことになります。

これを期待をかける行為に読み換えると、期待をかける側とかけられる側が二人でプロジェクトチームを組む、ということです。

- 二人で、期待をかけられる側の目指すゴールを明らかにして、それを共有する
- そのゴールに至るまでのプロセスも具体化し、どんな壁にぶつかり、それを乗り越えるにはどうしたらいいかを一緒に考える
- 本人が頑張っていけるように支援する

このようにすれば、かける側とかけられる側の期待の中身は自ずと具体的な形ですり合わされ、かける側が一方的に思い込みを押し付けることはなく、行動する本人の意思に沿って支援することができます。

「人前でしゃべらないリーダー」という期待が成功した

監督就任3年め。1章で登場したAくんと似たタイプの長尾岳人を副キャプテンに抜擢したことがありました。彼も選手としてとても優れていましたが、やはり、人前で話すのは苦手で、先頭に立って人を引っ張っていくタイプではありませんでした。

そんな長尾を副キャプテンに推した理由は、1章で書いた通り、リーダーは試合に常に出続けられるほどの実力者でなければならないからです。そして、やはり優れた選手であった長尾は、選手たちの信望も厚かったのです。

副キャプテンを長尾に任せる、と決まった直後の面談のことです。長尾は開口一番、私に言いました。

「副キャプテンになったので、人前でしゃべることも頑張ります！」

長尾は長尾なりに、自分の苦手なことを克服しよう、リーダーという役割への期待に応えよう、と思ったのでしょう。ただ、Aくんのようなことは二度とあってはならない、という思いが私の中に強くありました。そこで、

「しゃべらなくていい。今まで通りのおまえでいい。パフォーマンスを挙げることで、皆を引っ張っていってくれ。ひと言もしゃべらない副キャプテンを目指そうよ！」

と強調したのです。

その瞬間、長尾の口から飛び出た言葉は、「しゃべらなくていいんですね！」

彼の顔は、ぱっと明るくなりました。それならば本気で頑張る、背中でリーダーとしての役割を見せていくと、力強く約束してくれました。

- ゴールはチームの優勝に貢献すべく、高いパフォーマンスを挙げることである
- リーダーではあるけれど、リーダーとしての役割は、パフォーマンスを挙げてチームを引っ張ることで果たす
- 苦手な「しゃべる」という役割は期待しない

このように「長尾プロジェクト」のゴールとプロセスを共有したのです。

その1年を通じ、私はどんなときでも、長尾にはいわゆるリーダーとして「話してまとめる」というムダな期待はせず、選手としてのパフォーマンスしか期待しなかったし、長尾も立派にその期待に応えてくれました。

この年、全国大学選手権で早稲田は優勝し、長尾がその立役者の一人だったことから考えれば、このプロジェクトは成功したということでしょう。


Aくんと長尾のエピソードは、「リーダー」という同じ役割を期待しながらも、期待をかける側、かけられる側がすり合わせをするのか、しないのかによって、大きくゴール達成の確率が変わるという好例なのだと思います。

期待を「V（ヴィジョン）S（ストーリー）S（シナリオ）」で考える

では、具体的には、どのように期待をプロジェクト化し、マネジメントしていけばいいのでしょうか。

ゴールを成功、達成に導こうとするとき、つまり、あるプロジェクトをマネージするとき、私は独自の手法「VSSマネジメント」を用います。

「VSSマネジメント」とは、現在からゴールまでの道筋を映画のようにストーリー化し、その裏側にあるシナリオを徹底的に考えていく方法です。

整理すると、次のようになります。

- V＝ヴィジョン（到達したいゴールを描く）
- S＝ストーリー（現在からヴィジョンにたどり着くまでのプロセスをストーリー化する）
- S＝シナリオ（現実がストーリー通りに運ぶよう支援するための台本を作る）

まず、ヴィジョンとは、ゴールです。到達すべきゴールをまずは明確にします。

このヴィジョンを描く際に重要なことは、まず、ワクワクできることです。ワクワクできることが、ゴールに至るまでに出合う困難や壁を乗り越えるために不可欠なモチベーションの源泉になるからです。

ストーリーは、そのゴールに至る道のりであり、映画でいえば画面に映し出される物語です。

たとえば、「負け続きのラグビーチーム。一致団結して勝利に向かおうとするが、ケガ人が続出したり、内紛が勃発するなど、度重なる試練を経験する。しかし、最終的にはチームが一つになって、貴重な一勝を手にした……」

このようなストーリーを、あらかじめ作っておくのです。

ゴールまでの道のりは、楽しいことばかりではありません。困難や、乗り越えなければならない壁がたくさん現れます。

このときに重要なのはヴィジョンの「ワクワク感」であることは既に述べましたが、さらに、あらかじめそうした逆境を想定しておけば、本当にそれが現実になったときにも、くじけずに乗り越えることができるのです。

なぜ、そう言い切れるのでしょうか？

想定内の困難であれば、あらかじめ対処を考えておくことができる、というのが一つめの理由です。それは突然訪れた困難ではなく、頭の中では既に経験したことですから、何をすべきかわかっているからです。

もう一つは、すべての出来事はつながっている、いわゆる「線」である、と考えるからです。訪れた困難を一つの「点」ととらえたとき、それは明らかにゴールから離れてしまったかのように見えます。

ケガ人が続出したら、勝利というゴールに到底届きそうもないと、達成をあきらめてしまうかもしれない。しかし、その困難とその乗り越える手法が明るいゴールにつながるストーリーの「線」上にあれば、「頑張れば乗り越えられる、ゴールにつながる」と前向きに努力を続けることができる、というわけです。

また、その逆境が未来の備えにつながることも多々あります。

ケガ人が出たことで別の新人にチャンスを与えることができ、レギュラー層が厚くなることもあるのです。

さらに言えば、ゴールに至るまでの「敵」は、逆境や壁というような、困難ばかりではありません。「つまらない」「飽きる」「他の物事からの誘惑」などが、継続を阻むことがあります。何かを達成するには、ランニングや英語のリスニング、九九の反復訓練のような、地道な努力が求められることが少なくありません。これを続けるのは、実は至難のワザです。

ある字幕翻訳家の方の言葉に、忘れられない言葉があります。「英語ができないという人は、それはできるまで続けなかったからだ」

達成するまで続けること。それはゴールを達成する充分条件ではありませんが、必要条件であることは事実です。

目の前の「つまらないこと」の意味を見いだせないと、人は飽きてしまうし、他の誘惑にも屈しやすくなります。しかし、ゴールが明確で、その「つまらないこと」の繰り返しがゴールに至るストーリーの線上にあると理解していれば、ガマンと頑張りがきくものなのです。

一方、シナリオとは、いわばストーリーを映像にしていくための演出です。たとえばケガ人が出たとき、負けたとき、どんなミーティングをするのか、そこで自分がどんな役回りを果たすのか、周到に準備する。負けたとき、選手により強く、前向きにゴールを意識させる役割を演じると心に決めておく。というように、ストーリーに埋め込まれた困難を乗り越える術をリアルにする、という役割を果たします。

企業の組織でも、目標達成がほとんど無理、という状況になったとき、メンバーは意気消沈するでしょう。そのムードを払拭するために自分は何を言うべきか、再びモチベーションをアップするために何をすべきか、を考えておくことが必要になります。

ストーリーが全員で共有し、困難を乗り越えるためのものならば、シナリオはストーリーが想定通りに運ぶように裏方から支援するための台本です。

監督とコーチ全員で選手を鼓舞するときなど、複数の人が演出に必要な場合は、演出にかかわる全員がシナリオを共有します。そうでない部分は演出者、組織でいえばたとえばリーダーが個人的にシナリオを持ち、効果的に活用するようにします。

次のページで、このＶＳＳの流れをわかりやすく図解しましたのでご覧ください。

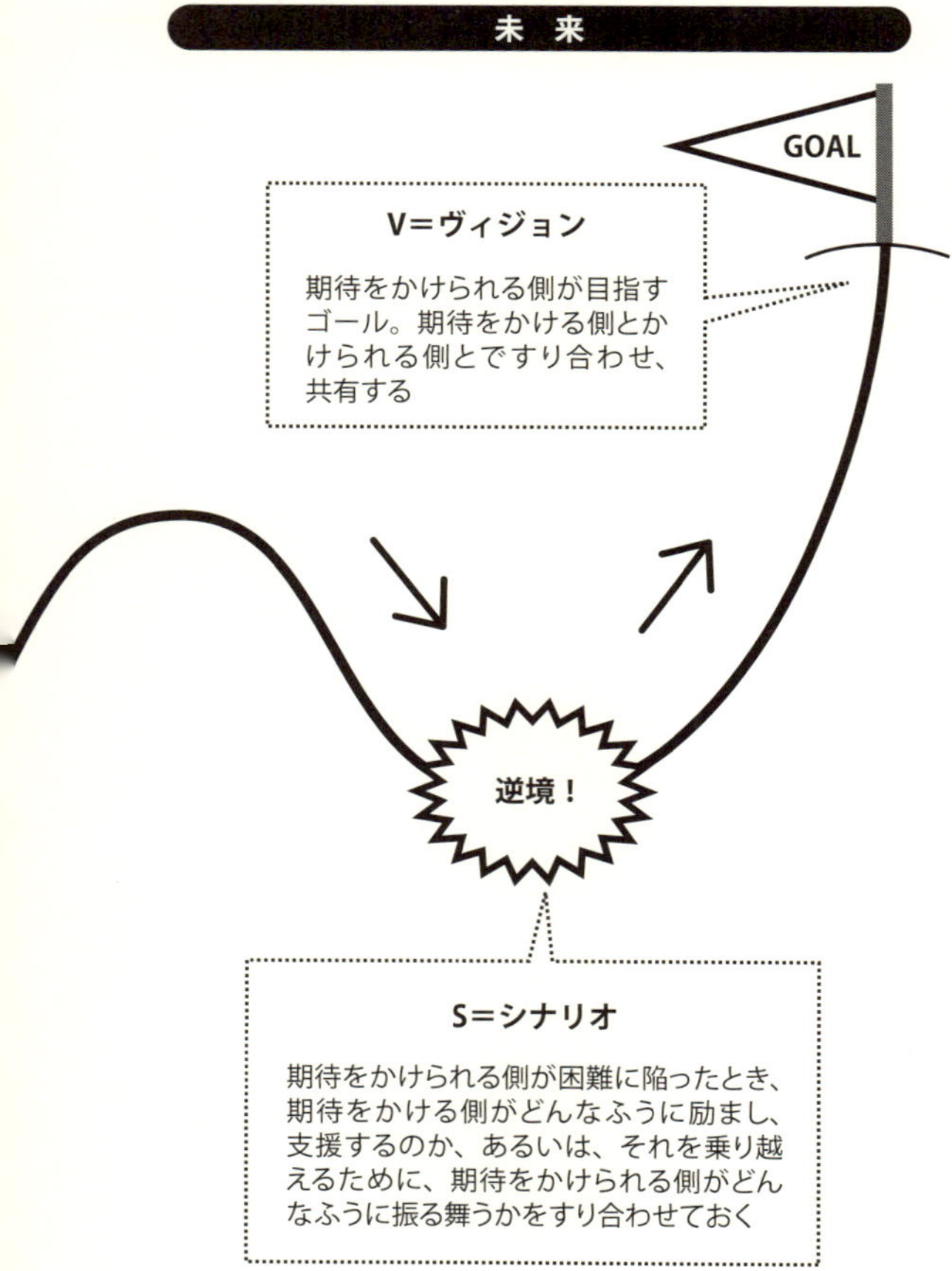

未来
GOAL
V＝ヴィジョン
期待をかけられる側が目指すゴール。期待をかける側とかけられる側とですり合わせ、共有する
逆境！
S＝シナリオ
期待をかけられる側が困難に陥ったとき、期待をかける側がどんなふうに励まし、支援するのか、あるいは、それを乗り越えるために、期待をかけられる側がどんなふうに振る舞うかをすり合わせておく

期待のVSSとは……

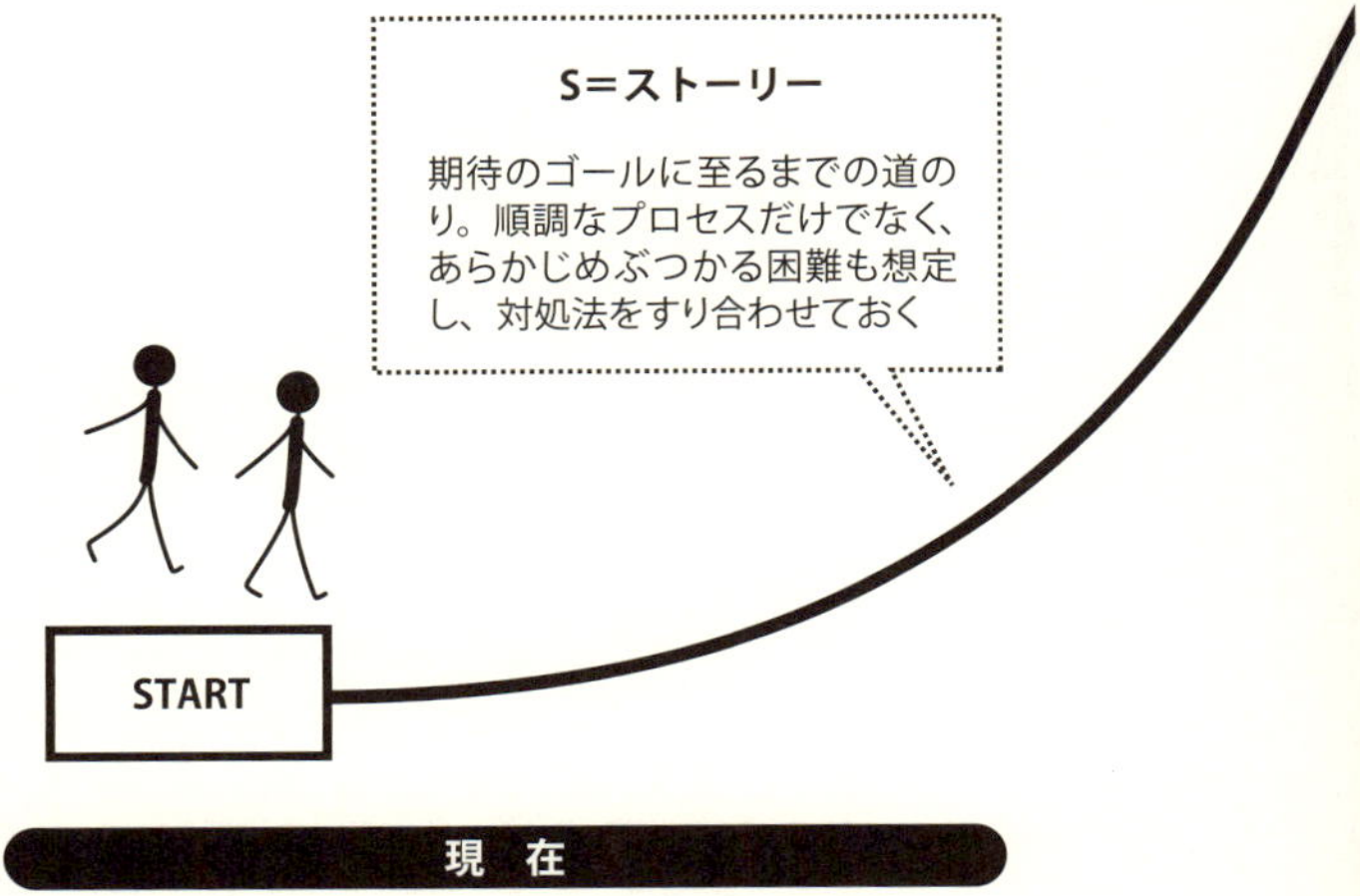
S=ストーリー
期待のゴールに至るまでの道のり。順調なプロセスだけでなく、あらかじめぶつかる困難も想定し、対処法をすり合わせておく
START
現　在

期待をVSSでマネジメントする

このように精緻にＶＳＳを描くことで、プロジェクトが困難にぶつかっても、参加する人たちが前を向いてそれを乗り越えようと進んでいける、という状態を作り出すことができます。

期待をかけることを、期待をかけられる側がゴールを目指す一つのプロジェクトとして、ＶＳＳを描くと、

- V（ヴィジョン）＝期待をかける相手が目指すべきゴールを共有する
- S（ストーリー）＝そこまでの道のりを明らかにして、ぶつかる困難を想定し、対処法をすり合わせておく
- S（シナリオ）＝期待をかけられる側が困難に陥ったとき、かける側がどんなふうに励まし、支援するのかを考えておく。あるいは、それを乗り越えるために、期待をかける相手がどんなふうに振る舞うかをすり合わせておく

ということになります。

前の章で「期して」「待つ」のが、正しい態度であると述べました。オーロラを待つときのように、自分の無力さを理解しながら見守る。これが正しい態度であることが前提です。

しかし、単に放置していては、その人の、より大きな可能性の芽を見いだし、育てることはできません。

オーロラと違って、人は知性と感情を持っているからです。

オーロラは何を言ったところで、モチベーションを下げることはないし、逆にその輝きを増してくれるわけではありません。

人は期待のかけようによってモチベーションを下げることはありますが、逆に、その知性と感情に適切に語りかければ、モチベーションを上げることも可能です。

その手法こそが、ＶＳＳによる、期待のマネジメントなのです。

「スタイル＝その人らしさ」を反映する

ＶＳＳを使って、期待をマネジメントするにあたり、重要なのは「そのＶＳＳがその人らしいか」ということです。

万人に当てはまる理想的なゴール、理想的なストーリー、理想的なシナリオなどというものはありません。

ゴールはＩＴ企業の社長。ストーリーは勉強や人脈作りに頑張るが、挫折して、再び奮起。シナリオには、挫折したときの親からの激励の言葉……というような、ＶＳＳを描いたとしましょう。

しかし、本人がそもそも社長に向いていない、技術を突き詰めていくことが得意な人だったら。人脈を作るのが苦手だったら。挫折に弱いタイプだったら。親からの激励に甘えてしまうタイプだったら……。

極端な例ではありますが、いくら精緻なＶＳＳを描いても、この人がＩＴ企業の社長というゴールに到達するのは難しいだろうなあ、と理解できるはずです。

ＶＳＳはすべて、その人らしくあるべき、と私が考えるのは、端的に言えばこのような理由です。

私は「その人らしさ」を「スタイル」と呼び、選手の育成やチームのマネジメントにおいて、何よりも「スタイル」の確立を重視してきました。

「その人らしい期待」を言い換えれば、その人の「スタイルを反映した期待」ということになります。

「スタイル」とは、いつもブレなくその人が放つ個性

スタイルということについて、もう少し具体的に説明したいと思います。

その人らしい。

この言葉だけでは、ちょっと抽象的だからです。

皆さんが誰かの「らしさ」を表現するとき、どんな言葉を使うでしょうか？

ガッツがある。

努力家。

いつも論理的にものを考える。

ふだんはだらだらしているけれど、いざというときの頑張りはすごい。

癒し系。

新しいことにどんどんチャレンジしていく。

自分勝手。


これらがすべて、「スタイル」です。

スタイルとは、その人が持つ本質的、かつ一貫性のある個性です。だから、それが顕在化しているかどうかは別として、スタイルの「ない」人はいません。

誰もが本来であれば持っているもの。いつもブレなく、その人が放っている個性。それがスタイルなのです。


私は、スタイルは「良し悪し」で語るものではないと考えています。

具体例は5章で述べますが、たとえ「自分勝手」というような、一般的にはよくないと判断されるようなスタイルですら、大切にすべきだと思うし、より強烈に発揮されたほうがいいのです。

しかし、最近重視されがちなのは、スタイルよりも「スキル」です。

英語力、ＩＴスキル、コミュニケーション力、企画力、営業力、論理的思考力、運動能力、学校の成績……などなど。多くは「〇〇力」「〇〇スキル」という言葉で表現され、点数化したり、資格によってランク付けしたりすることが可能なものです。

本来の個性を見ようとするよりは、点数やランクがあり、デジタルに判断しやすいので、物差しに使用することが多いのだと思います。

もちろんスキルを軽視するわけではありませんが、このスキル一辺倒の評価が人の可能性を見誤るリスクになっていることに、多くの人は気付かずにいます。

人をスタイルで見るのか、スキルで見るのか。

それは、背景にある思想がまったく異なることなのです。

ナンバー1のスキル主義よりオンリー1のスタイル主義

例を使って説明してみましょう。

たとえば、実用英語検定4級、食品衛生管理者、船舶免許3級、簿記4級、危険物取扱主任者などたくさんの資格を持っている人がいるとします。

実用英語検定4級は、実務レベルではとても使えませんし、食品衛生管理者と簿記4級の資格を並列して持っていたとしても、レアケースを除けば、それがシナジー（相乗効果）を発揮するとも思えません。

持っている資格、つまりスキルを通してこの人を見たら、総合的に見てレベルの高い人材と評価される可能性は低いでしょう。それぞれの資格は、この人が持つ「点」であり、それはバラバラに存在するにすぎず、意味を持たないものになってしまっているのです。

また、スキルで人を見ると、他者との比較がどうしても起こります。

「自分は英検4級だけれど、彼は2級だ」というように。

ナンバーワンよりオンリーワン。最近の世の中の趨勢《すうせい》は間違いなくその方向に向かっていますが、そう言いながらも、実際には点数やランクによる「全体の中でどの位置にいるか」という呪縛から逃れられずにいます。

スキルによるランク付けは人を枠にはめてしまい、その枠の中の上を目指すことに汲々《きゅうきゅう》としたり、逆に上に行けないことで「負け組」意識を醸成したり、とネガティブな効果を生んでしまいます。

では、同じ人をスタイルで理解しようと思うと、どうなるでしょうか。

そもそも、なぜこんなバラバラの資格を取ったのか。

まずは、そう問いかけてみます。

すると、当人が「自分が出合うあらゆる事象に興味を持ち、ある程度まではそれを理解したいと思うから」だと言ったとします。せっかく勉強するならば、その証とゴールとして資格取得を目標にした、と。

ここで初めて、「物事に対する興味と理解したいという意欲が強く、ゴールを設定してそれに向かって頑張る」というこの人のスタイルが見えてきます。

バラバラに点在したスキルが、スタイルによって初めて一貫性を持つのです。

スタイルとは、その人の強み、弱み、物事や人、状況に対する態度などを点で結んだ「線」で表現されるものだということができるでしょう。

スタイルは、スキルのように優劣や高低を表すものではありません。

このケースのように、「物事に対する興味と理解したいという意欲が強く、ゴールを設定してそれに向かって頑張る」というスタイルにおいて、優劣を競うことに意味はありません。

スキルを発揮して活躍しようと思えば、他者との競争がそこに生じますが、スタイルの発揮においては、常にオンリーワンでいることができます。つまり、「負け組」はどこにもいないのです。

個性を活かす、ということは、本来こうあるべきだと思うのです。

スキルよりスタイル

スキル主義		スタイル主義
優劣（良し悪し）	⟷	有無
ナンバーワン	⟷	オンリーワン
点（ドット）	⟷	線（ライン）
おもに長所	⟷	短所すら「その人らしさ」

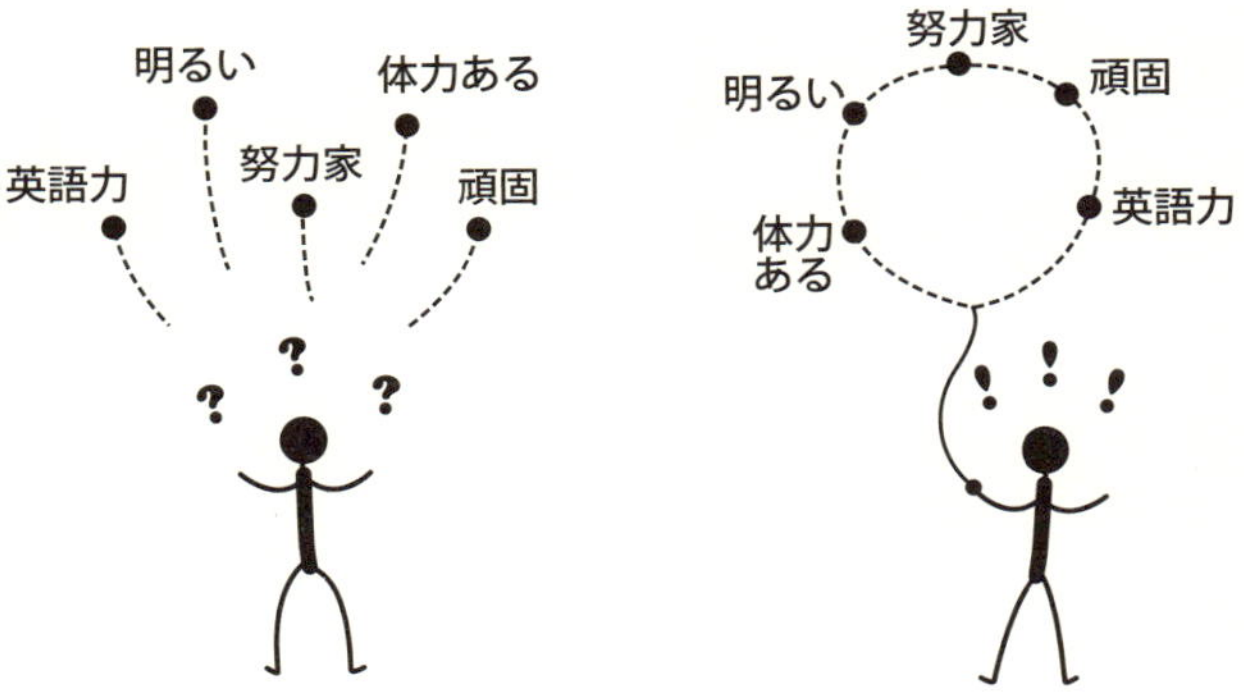

点ではなく線で考える

スタイル確立の3つの効果

ここで、スタイルがVSSとの関係において、重要な理由を整理しておきましょう。スタイルを確立すると、次に述べるようにさまざまな効果が生じます。

❶人の可能性が大きく広がる

人は、自主的に何かに取り組むときにこそ、力を発揮します。

他人に強要されたとき、他人に気を遣って行動するとき、そのことに対してモチベーションが働くでしょうか。

子ども時代を思い出しても、好きな科目や、自ら習得したいおけいこ事であれば喜んで取り組んだものの、逆にいくらテスト前でも嫌いな科目の勉強には取りかかりたくなかったし、強制的に通わされたおけいこ事には身が入らなかったのではないでしょうか。

やりたい、と自主的に取り組めば、いやいややることよりも習得が速い、という実感が、皆さんにも経験的にあるはずです。

これが人の行動原則だとすれば、期待をかける内容は、本人が「やりたい」「こうなりたい」と思えることであるほうが、期待が達成される可能性が高いということです。

期待をかけられる側も喜んで取り組める

←

期待をかける側もその期待がかなう可能性が高い

だからこそ、できる限りその人の志向を反映したゴールを設定することが重要なのです。

しかし、そう簡単にはいきません。多くの場合、いくつもの落とし穴があるのです。

まず、その人の志向が明確であればいいのですが、そうではないときも多分にあります。

適性も同じです。「下手の横好き」とはよく言ったもので、第三者から見ると、いくら好きでも明らかに向いていない場合もあります。

たとえば、誰が聞いても音感がない人が、歌手を目指す、といっても現実的には難しいはずです。その人に無限の時間があれば、音感をある程度修正していく可能性もゼロではありませんが、現実的には難しいことがほとんどです。

さらに言えば、組織のゴールが決まっていて、その人の志向を無視したゴールを設定しなければならないことも少なくないでしょう。


こんな場合、ありがちなのが、「おまえはまあ、これが得意なんだから、これを一生懸命やれば」というような、その人のスキルを見た安易なゴール設定をしてしまうことです。

先のバラバラな資格を取得した人を例に取れば、スキルだけを見てマネジャーがゴールを設定すると、「じゃあ英語力だけでも伸ばしてみようか」という安易なアドバイスをすることになるでしょう。その人が持つ多くのスキルの中でたまたま最も汎用性が高そうな「英語力」に着目した、というわけです。

その人が英語が大好きであれば別ですが、そうでなければ、本人にとって意欲が湧く目標ではない可能性は否めません。何しろ、英検4級以上を取得しようとせず、新しく出合うさまざまな物事に興味が湧いて、他の資格取得に目がいっているのですから。


一方、スタイルに着目したらどうでしょうか。

ゴール設定をするとき、この人へのアドバイスは、たとえば、単に一つの能力を伸ばす、ということではなくなります。「資格」というターゲットを「幅広い業界の情報」というターゲットに変えて、さまざまな産業についてリサーチを続けて理解し、それをまとめていこう、というゴールになるかもしれません。

極端な例にはなりますが、「英語」という多くの人が持ち、本人がそれほど深い興味を持っているわけではないスキルから離れ、その人らしく頑張れる新しいゴールを見つけることができるのです。

❷新しい領域に挑戦する恐怖がなくなる

スタイルを確立することで、新しい領域への挑戦も怖くなくなります。

人はいつも慣れ親しんだこと、できること、得意な領域ばかりに取り組んでいられるわけではありません。ときには、その人にとって未知の領域にあるゴールにチャレンジすることも必要になってきます。

たとえば、英語がとても得意で、英語圏の国々とのビジネスに長けた人材がいるとします。その人がロシアの、しかも英語があまり通じない地方都市での事業開拓を命じられました。

もし、自分の個性を「得意な英語を使って、英語圏の人たちとビジネスができる」というスキルでとらえていたら、ロシアでの事業開拓に尻込みするはずです。


それを、スタイルでとらえたらどうでしょうか。

高いレベルの語学など、新しいことを習得するために、粘り強く頑張れる。

文化や言語の壁を乗り越えて、どんな人とでも仲良くできる。

こうとらえたら、ロシア語の習得もできるかもしれない、異なる文化や言語を持つ人たちとの出会いにワクワクする、と思えるはずです。

まずは語学を覚えるため、その地のビジネス慣習を知るために、公私ともにいろんな場に出ていって、多くの人と仲良くなることから始めよう。そして、そこから人のネットワークを作り……と、その人が自分らしさを発揮しながらゴールにたどり着くストーリーが描けます。

スタイルさえ理解していれば、未知の、困難なゴールを示されたとしても、「そのスタイルを発揮できるストーリーを描けば、必ずゴールを達成できるはずだ」という自信を持つことができるのです。

❸逆境を乗り越えやすくなる

そして三つめ。ＶＳＳの解説部分で書いた通り、ゴールに向かう道のりの中には、逆境が付きものです。

期待をかける側は、期待をかける相手のスタイルを知ったうえで、逆境を乗り越える支援をしなければなりません。

ある人が逆境に陥り、それに奮起してＶ字型に挽回し、ゴールを達成する。そんなストーリーにおいて、逆境に陥ったときは、期待をかける側が「ライオンの親が子どもを崖から突き落とすように、本人の意欲と頑張りを喚起する」というシナリオを作っておいたとしましょう。

本人が負けず嫌いで、火事場のバカ力を発揮するスタイルを持っているならば、それは有効に機能するはずです。

しかし、物事を着実に進め、順調なときには力を発揮できるものの、逆境になればなるほど萎縮してしまう人だったらどうでしょうか。崖から突き落としても、這い上がれなくなる可能性は少なくありません。

そもそもV字型に挽回しなければならないようなストーリーを描くこと自体、現実的ではありませんし、「崖から突き落とす」というのはもってのほかです。

まずストーリーは、本人のスタイルを踏まえ、起こり得る逆境をできるだけ回避するように描きます。

それでも想定し得る逆境を乗り越えるときには、その人のスタイルに沿って、一つひとつ着実に問題解決ができるように支援するシナリオを描くことが重要になりますが、そのためには、その人のスタイルを理解していなければ、崖から突き落としてはいけない人を突き落とすことになりかねません。

スタイルとは、その人の持つ個性です。

第5章の事例で詳述しますが、自分らしさを殺して逆境を乗り越えるよりは、個性を存分に発揮して逆境を乗り越えたほうが、本人にとってラクであることは間違いないのです。

さて、あらためて整理しておきましょう。

期待のマネジメントのためには、

- 「期待プロジェクト」のVSSを描くこと
- そのVSSには、「その人らしさ＝スタイル」が反映されていること

が欠かせません。

この後、3章で「その人らしさ＝スタイル」を反映したVSSを描く方法をご紹介します。

第3章

他者への期待を使いこなし、最高の成果を引き出す

期待のVSSの描き方

ここからは、いよいよ期待をかける相手を成功や成長というゴールに導く、つまり「その人のスタイルを反映したVSS」の描き方に入っていきます。

この方法は、基本的には自分自身への期待にも適用できます。ですから、第4章で詳細に触れる「自らへの期待をコントロールしたい人」「自らをゴールに導き、何かを達成したい人」も、ぜひご一読ください。

VSSマネジメントは、

❶ 期待をかける相手のスタイルを明確にする
❷ その人のスタイルを反映したVSSを描く
❸ それを本人とすり合わせる

という流れで進めていきます。
具体的にイメージしてみましょう。
たとえば、部下の半期の目標を立てるとき。

部下：今回は、新規開拓件数にこだわって、営業目標を達成しようと思います。具体的には、前期の倍の20件は開拓したいですね。

マネジャー：そうかなあ。おまえが受注できるときは、顧客とうまく人間関係を構築できたときだよね。

部下：そういえば、そうですね。

マネジャー：だとすれば、新規開拓件数を営業目標に入れるのは現実的だろうか。同じ数字を達成するにしても、一つひとつの顧客を深堀りして、大型受注に結び付けたほうが、おまえらしくないか？　だったら、既存顧客の受注額を平均して1・2倍にする、というほうが目標としてはいいんじゃないか？

部下：正直そのほうが、僕にとってもストレスがないですね。新規開拓、好きじゃないし。ただ、新規開拓件数が少ないと、途中で数字が伸びなくなるんじゃないかって不安で。
マネジャー：それでも、嫌いな新規開拓に必死になるよりは、得意な顧客との信頼関係作りに一生懸命取り組んだほうが、数字が伸びるはずだ。そんなときこそ、顧客との対話の中から見いだした課題の解決を、企画提案に盛り込んだほうがいいんじゃないか？
部下：確かに……。
マネジャー：もし、数字が伸びなくても、おまえのスタイルを信じて続けたほうがいい。そこがブレない限り、俺もおまえのお尻を叩いたりしないよ。
部下：はい、わかりました。

つまり、
「顧客との信頼関係を構築することにより、受注ができる」
というスタイルをもとに、
「既存顧客の受注額を平均1・2倍にする」
というゴールを設定し、
「そのために既存顧客との対話から課題を見出し、その提案にじっくり取り組んでいく」

「数字が伸びないという逆境が訪れても、粛々とスタイルを貫いて乗り越える」

というストーリーを描きます。

そして、本当に逆境に陥ったときには、

「スタイルを貫いている限りはマネジャーもお尻を叩かない」

というシナリオを作っておく、ということです。

期待をかけるときに陥りやすい思い込みのわな

ただし、このような対話をするには、あくまで、期待をかける側も、期待をかける相手も、その人のスタイルを理解していることが前提です。

最もリスクが大きいのは、期待をかける側がかける相手を理解している、という思い込みです。なんとなく、こんなやつだよなあ、が外れていることも少なくありません。気付かぬうちに、思い込みで人を判断するくせがついているのです。

実は、思い込みにもいくつか種類があります。

まずは、ステレオタイプに起因する思い込み。

○○県出身だから、A型だからこうだろう。

人事部出身だから、○○大学出身だからこうだろう。

人は、どうしてもこのようなステレオタイプから離れることが難しい生き物です。ステレオタイプで物事を判断しがちなのは、毎日、人はあまりにたくさんの情報に触れるので、世間的な価値観に照らし合わせたり、今までに出会った似たタイプに当てはめたりすることによって、その膨大な情報を処理しようとしているからだそうです。

次に、どうしても「自分だったらこうする」という自分の経験による思い込みが挙げられます。


前に会ったあいつと似ているから、きっとこうに違いない。

自分はこれがストレスを感じないから、きっと彼もこうだろう。

知らず知らずのうちに、このような考え方をしているおそれがあるのです。


さらに、人は自らの、あるいは一般的な価値観から生まれる「○○らしさ」という思い込みから逃れにくいものです。私はこれを「引力」と呼んでいます。

上司らしく、先輩らしく、リーダーらしく、新人らしく、長男らしく……。

そのような言葉を使ったことは、誰しも少なからずあるのではないでしょうか。

しかし、この社会的な常識や肩書からくる「らしさ」を押し付けることもまた、その人の個性を見失わせるリスク要因の一つです。

こうした思い込みが生むもの、結局それは、期待をかける側による「強制要望」なのです。

本人ですら自分のスタイルがわからない

一方、期待をかけられる本人が、自分自身のスタイルを理解しているとも限りません。実は、本人が「やりたい、こうなりたい、自分はこういうスタイルだ」と自認する内容が、必ずしも本当にその人に合っているとは言えないのです。

自分の「やりたい」「こうなりたい」を考えるとき、うちの会社の営業らしさ、成功体験など自らの経験や価値観、リーダーらしさ、長男らしさなど、一般的な役割意識を自らに押し付けている、つまり「引力」の影響を受けていることが多々あります。

本人ですら何が「自分らしい」のか、わかっていないことがあるのです。

わかりやすいのが、就職活動中の学生です。

どうやら企業はグローバルに活躍できる人材を求めているらしい。そんな話を聞いたとたん、自らの将来の目標を「グローバルに活躍すること」と定め、それに合わせるかのように自己PRを作り上げます。

もちろん、それが本当にやりたくて、向いているのならば、何の問題もありません。でも、実際には世界で広く活躍するよりも、ある領域の中でこつこつと専門領域を深めていくことのほうが、本人の志向にも適性にも合う場合だってあるのです。

あるいは、本当は起業したい、だからベンチャー企業で経営者の間近で働きたいという志向を持つ学生が、「大手に入って安定した人生を歩んだほうがいい」という親の価値観を、いつしか自分の価値観とすり替えていることも少なくありません。

やりたいこと、なりたい自分が、本当に自分自身の希望を反映しているのか、よくよく見極めなければなりません。そして、そのやりたいこと、なりたい自分が、そもそも本当に自分に向いているかどうかも、わからないこともあります。

つまり、その人のスタイルを反映したVSSを描こうとするならば、本人も、期待をかける側も真剣に志向や適性を考え、話し合う時間が必要になるのです。

人は「多面体」という前提で、情報を集めることが出発点

とはいえ、いきなり話し合いをするだけでは事足りません。

それは既述のように、期待をかける側の思い込みもありますし、本人自身が自分の志向や適性をわかっていない場合もあるからです。

まずは、できるだけ多くの人から情報を集めることから始めましょう。

そもそも、人は「多面体」です。

本人が見ている彼、期待をかける側が見ている彼、そして、その他の彼を取り巻く「第三者」、たとえば親、友だち、恋人、同僚が見ている彼は、それぞれ異なる場合が多いのです。

「おまえって○○なタイプだよね」とか「あなたってA型っぽいよね」とか言われたとき、誰もが違和感を覚えたことがあるのではないでしょうか。

確かにその人があなたのことを深く知らない場合もありますが、その人にとっては、そ

れが「事実」なのです。たとえ「私はそんな人じゃないのに」と思ったとしても、ある人からあなたがそう見えたのだとしたら、それは無視してはならない、ということです。

そう考えると、VSSを描く前提となる「その人のスタイル」を知るには、期待をかける側が一人で考えても、期待をかけられる本人が一人で考えても、非常に一面的な情報でしかその実像をとらえられないことが多いのです。

本人すら知らない「スタイル」を「第三者」が知っている場合もあり、もし、その情報を得られなかったとすれば大きな機会損失になりかねません。

私は早稲田の監督時代、毎年春・秋に約130人いた選手全員と面談し、それぞれの「スタイル」を意識しながら、あるいは「スタイル」が明確になっていなければ、その確立を支援しながら、選手一人ひとりの成長や成功のVSSを一緒に描きました。

面談前に私は、それぞれの選手の試合での戦績、練習や試合に向き合う態度、直近のコンディションなど、さまざまな情報を整理します。

しかし、私が見える範囲は限られているので、コーチや他の選手に「あいつ、最近どう？」と質問して、より多くの情報を集める努力をします。このとき、「自分にはこう見えていたけど、こんな側面があったんだ」と驚かされることがありました。

もちろん、それぞれの選手自身にも、面談前に自分の重視すべきスタイル、そのシーズンのVSSをシートに書き込んできてもらいます。

そしてようやく、選手本人と面談し、その選手らしいVSSをすり合わせる、というプロセスをとってきました。


つまり、その人のスタイルを反映したVSSを真剣に、丁寧に描こうとするならば、

- 期待をかける側が、自分の持っている期待をかける相手の情報を整理する
- 周辺の第三者からできるだけ情報を集める
- 期待をかける相手、本人も自分のスタイルとVSSについて考える
- そのうえで、期待をかける側、かける相手双方ですり合わせる

というポイントが不可欠なのです。

もし、第三者から情報を集めるのが難しかったとしても、最低限、期待をかける相手と、

スタイルとVSSをすり合わせる場を持たなければなりません。
ミスマッチを起こさない。これが、期待のマネジメントの最低限のルールであることを、忘れないでください。

次の項目では、その人の「スタイルを反映したVSSの具体的な描き方」に入っていきます。繰り返しになりますが、本来であれば、その人のスタイルを見極め、それがVSSに反映される、という手法が理想的であり、手っ取り早いと思います。

しかし、スタイルはその人に関する多面的かつ膨大な情報から、その人の本質を見極めていくのですから、それほど簡単なことではありません。
ですからここでは、期待をかける相手のVSSを描く中で、同時にスタイルを見極め、反映させるという手法をとりたいと思います。

まったくゼロの状態から「あいつはどんなヤツなんだろう」「自分はどんなスタイルなんだろう」と考えるよりは、「その人らしいゴール」「その人らしいストーリー」「その人らしいシナリオ」と場面を区切って考えることで、より具体的にスタイルをイメージすることができるからです。

STEP❶ スタイルを反映した「V（ヴィジョン）＝ゴール」を描く

さて、まずは、その人のスタイルを反映した期待のゴール、すなわち「V＝ヴィジョン」を描きます。

描き方をより具体的にイメージしていただくために、93ページでご紹介した営業マネジャーと部下に再登場してもらいます。

しかし、ここでは、期待をかける側の営業マネジャーも、期待をかけられる部下本人も、自らのスタイルを理解していない、という前提です。

部下：今回は、新規開拓件数にこだわって、営業目標を達成しようと思います。具体的には、前期の倍の20件は開拓したいですね。

マネジャー：うーん。それって、何かしっくりこない。なぜだろう？　そもそも、営業の仕事の中で、おまえの好きなことって、何だろう？（「好きなこと」の確認）

部下：えーと……考えたことなかったですけど、そういえば、お客さんと話しているときが一番好きですね。仲良くなったお客さんのところは、数字も伸びるんですよね。新規開拓もけっこう得意なんですけど……。

マネジャー：そうだよなあ。おまえの隣の席のAにもおまえの様子を聞いてみたんだけど、新規開拓に行けっていうと、すごく嫌な顔をするって言うんだよね。(「得意」と「適性」の確認)

部下：あ、そうです。すごくやる気、なくなります。なんか、拒否される感じが嫌なんですよ。

マネジャー：だとすれば、新規開拓にこだわるって言っても、モチベーションが下がるだけだよなあ。(「苦手なこと」の確認)

部下：……確かに。

マネジャー：新規開拓よりも、既存顧客1社1社の売り上げを伸ばして、営業目標を達成する方が現実的じゃないか？

部下：そのほうがしっくりきますし、やる気が湧きます。

マネジャー：部全体の中で考えると、おまえは対前年比130％くらいの目標にしたいんだけど。

部下：……うーん。去年、達成できませんでしたからね……。

マネジャー：あ、そうだったな。であれば、まずは120％にしておいて、成功体験を積もうか。そうすれば自信が持てるかもね。（「目標の高さ」の確認）

部下：はい！

「その人のスタイルを反映したゴールの設定」に至るこのダイアログの中でマネジャーが確認したのは、

- 好きなこと
- 得意なこと
- 適性
- 嫌いなこと
- 苦手なこと
- 目標の高さ

です。これらがゴールを設定するために、できるだけ確認したい要素です。

これらを導き出すために、次の三つのポイントで期待をかける相手とすり合わせをしてみてください。

❶好きな領域・嫌いな領域を考える

基本的には、「好きこそものの上手なれ」です。前にも書いた通り、好きなことであれば人はそのゴールにワクワクし、意欲的に頑張るし、習得が速いものですから、好きな領域をゴールに選ぶのが、手っ取り早いでしょう。

しかし、「下手の横好き」という言葉もあるので注意が必要です。いくら本人が「好き」と言っても、それが長い時間かけても伸びないならば、「もしかしたら向いていないのではないか」と疑いをかけることも重要です。

また、嫌いな領域も重要です。

理由の一つは、期待のゴールから嫌いなことを排除することが目的です。「好きこそもの上手なれ」とまったく考え方は同じで、嫌いなことに向き合うたびに人はストレスを感じますし、嫌いなことを人前でやらなければならないとき、人は過度のプレッシャーにさらされます。

「嫌なことを克服してこそ成長がある」などという人もいますが、私はその考え方に賛成しません。ストレスやプレッシャーがあれば、失敗する確率も高くなり、結果的にはそれに取り組む意欲を削ぎ、成長や成功を阻む要因になり得るからです。

もう一つの理由は、逆説的ではありますが、嫌いなことや苦手なことに光を当てることで、それがその人の強烈なスタイルになる可能性があるからです。

- **好きなことといっても、それほど顕在化しているわけではない**
- **むしろ嫌いなことがはっきりしている**

こんなタイプの人は、むしろ、好きなことをあえて探すよりも、嫌いなことに目を向けたほうがいい場合も少なくありません。欠点を補おうとするところから、新たな知恵が生まれることが往々にしてあるのです。

たとえば、パスが苦手なある選手がいました。彼はパスをするたびにミスをして、ミスをしないようにしようというプレッシャーがまたミスを呼びます。しかし、スクラムは驚くほど強く、試合には欠かせない存在でした。

ある日、彼が監督部屋にやってきて、「パスがうまくなりたい」と言いました。理由を問えば、みんなに迷惑をかけたくないからだと言います。

けれども、私はラグビー歴10年以上の彼が、今さらパスを一生懸命練習したところで急にうまくなるとは思えませんでした。嫌いで苦手なパスを回避する方法を考えたほうが、ずっと現実的だと思いました。

「ボールを持たないというスタイルを貫いてみたらどうだ？」

これが、私が彼に出した結論（ゴール）です。

そうすれば彼は無用なプレッシャーから試合中に解放され、伸び伸びとプレーすることができます。さらに、対戦相手にしてみれば、ボールを持った選手のすぐ後ろに彼が立っていれば、彼にパスするものと思い込みます。しかし、味方は「あいつにはパスをしない」という暗黙の了解が成立しているので、決してボールを渡しません。

彼の欠点をスタイルに変えたことで、味方にしかわからないサインプレーになったわけです。

❷得意な領域・苦手な領域を考える

これは、「好きな領域・嫌いな領域」とまったく同じ考え方です。得意なことは誰しも進んでそれに取り組み、どんどんスキルや能力を伸ばすことができますが、苦手なことは、やはりストレスやプレッシャーが邪魔をして、伸ばすことができません。

そして、嫌いなことや苦手なことに光を当てれば、その人の強烈なスタイルが見出せることは既に書いた通りです。

しかし、これもやはり簡単には判断できません。本人にとって得意なことでも、実はそれほど好きではなかったり、取り組むのにストレスがかかることがあったりするのも事実です。

親の希望でずっと数学塾に通っていたせいで得意になった数学だけれど、実際にはそれほど好きじゃない。こんな場合もあります。こんな人が、「得意」という理由で、大学の数学科に進んだら、数式三昧の日々に辟易してしまうかもしれません。

- 好きなことでも、得意なのか、向いているのか
- 得意なことでも、好きなのか、向いているのか

こうした視点を持って、期待をかける側、かけられる側との間で意見交換をしていくべきでしょう。

❸スタイルに合った目標の高さを考える

次は、ゴール（目標）の高さです。

到達しそうもないゴールを前に奮起する人と、あきらめてしまう人と、おおむね2種類の人がいるようです。

期待をかける側からしてみれば、より高いゴールを達成してほしいのが世の常です。

しかし、後者の「あきらめてしまう人」には、最初から高いゴールを設定しても、本人の意欲を喚起することにはなりません。

逆に、あまりに低い目標だとモチベーションが上がらない、という人も少なからずいます。

では、どのようにして目標の高さを決めればいいのでしょうか。

まずは、期待をかける相手がこれまで達成してきたゴール、達成できなかったゴールを細かく質問しましょう。

そしてそのゴールを設定されたときどんな気持ちになったのか、頑張る気になったのか意欲を失ったのかをじっくり聞いてみます。

このようにすれば、ちょうどいい高さのゴールが見えてきます。

ゴールに「スタイル」が反映できない場合

❶、❷、❸のいずれを考えてみても、ゴールにその人の「スタイル」が見えてこない場合があります。

特に仕事においては、社会人になってから、あるいはその仕事を担当してから日が浅い場合、得意なことや達成したことが明確にならなくても不思議ではありません。

また、本人や上司がゴールをはっきりと意識してこなかった場合には、「達成したこと」と言われても、そもそもゴールがないのですから「？」とならざるを得ないでしょう。

一方で、本人の「スタイル」がそもそもゴールに反映できないこともあります。個人のスタイル、実力にかかわらず、その部署にいる以上、「営業目標の達成」「月末までにシステムを納品」といったゴールを設定せざるを得ない。このように、企業の組織の場合、初めから個人に課せられるゴールが決まっている場合があるからです。

私のいた早稲田のラグビー蹴球部も同様です。基本的に、ゴールは「チームの勝利」です。個人の活躍でも何でもない。そうした固定化したゴールの中で、それぞれの選手のV

SSを描かなければならなかったのです。

こんな場合、どうすればいいのでしょうか。

驚かれるかもしれませんが、はっきり言いましょう。

ゴールへのスタイルの反映を、潔くあきらめることです。

ゴールそのものにスタイルが見えなくても、ゴールに向き合うプロセスや態度に、その人らしさがあるのかもしれません。

ゴールにその人のスタイルが反映できないとしても、そこに達するまでのプロセスや態度に反映できるかもしれません。

以上を踏まえて、期待をかける相手のスタイルを反映したゴールが設定できたとしても、そうでなくても、まずは次のステップに進んでください。

STEP❷
スタイルを反映した「S（ストーリー）＝達成までのプロセス」を描く

次は、期待をかける相手のスタイルを反映した、ゴールを達成するまでのプロセス、すなわち「ストーリー」を描きます。

実は、ストーリーの中にこそ、その人のスタイルが最も表れます。その人らしいゴールを設定しても、ストーリーがその人のスタイルとかけ離れていれば、達成できないこともあるのは、既に述べた通りです。

逆に、たとえゴールに「その人らしさ」が反映できていなくても、ストーリーがその人のスタイルを強く反映したものであれば、ゴールの達成は可能なのです。

たとえば、人と直に会って話すことが苦手で、営業職が向いておらず、目標達成は無理だと思っていた部下がいるとします。

しかし、とても細やかで人の気持ちに気付き、相手の要望の半歩先まで予測して対応することが彼のスタイルだったとしたら、メールによるコミュニケーションをメインに、顧客からやってくる一つひとつの質問や要望に丁寧に応え、それが数字につながって目標を達成する、というストーリーも描けるはずです。

先に述べたように、「やりたい」「好き」というゴールが明確にならなかったり、組織としてその人に与えるゴールが決まっていたりする場合には、ストーリーにその人のスタイルを埋め込む努力を、期待をかける側はすべきなのです。

繰り返しになりますが、ストーリーは基本的に、本人が本人らしいスタイルを発揮して、最もストレスがないゴールへの道のりを描くべきです。

これが、ストーリーを描く第一のステップです。

ただし、目指すゴールが遠ければ遠いほど、高ければ高いほど、必ずしも順調に進むとは限りません。失敗や困難など、逆境も経験するはずです。そのとき心が折れてしまわないように、あらかじめ起こり得る失敗や困難と、それを克服するストーリーを埋め込んでおく必要があります。

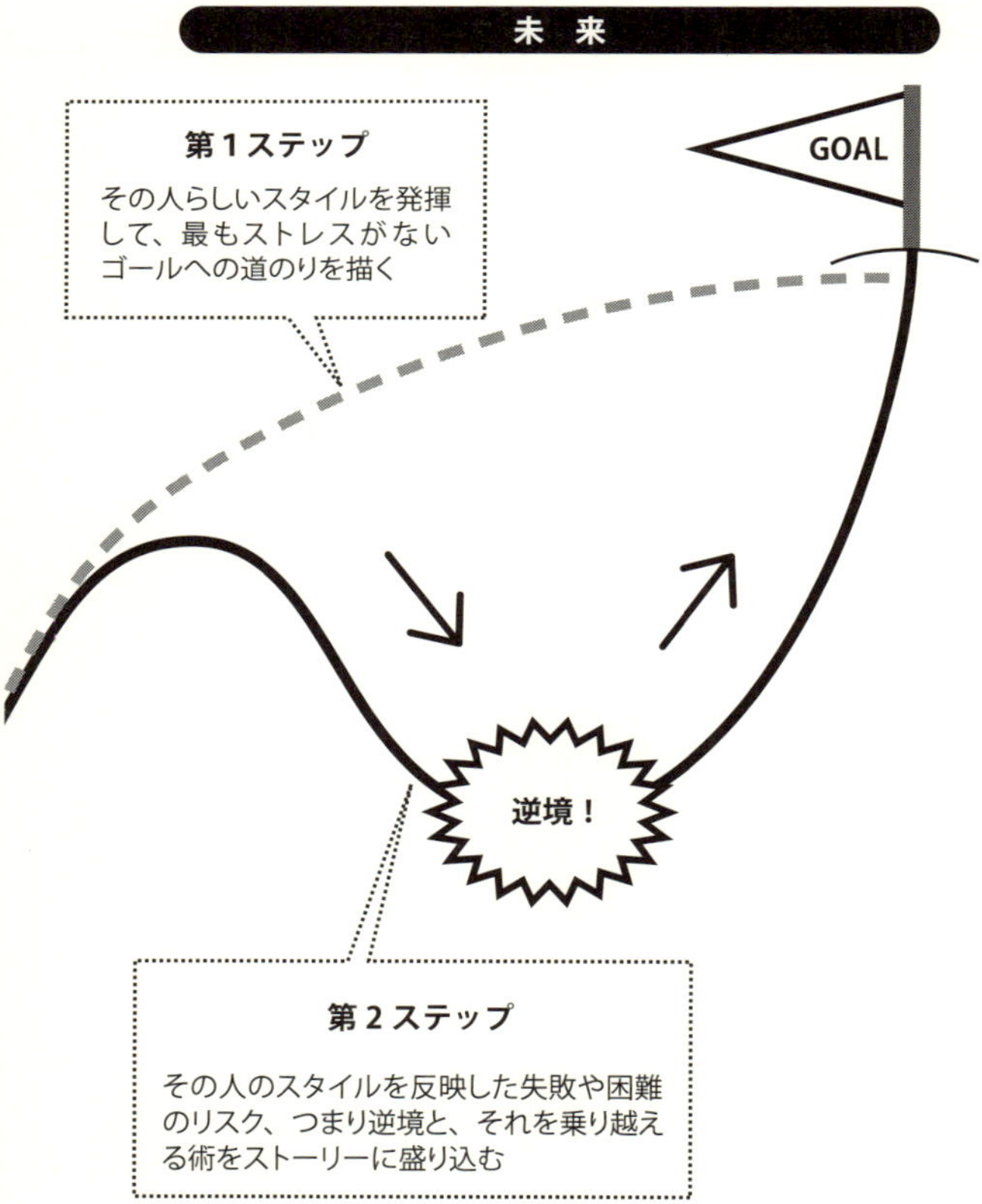
未来
第1ステップ
その人らしいスタイルを発揮して、最もストレスがないゴールへの道のりを描く
GOAL
逆境！
第2ステップ
その人のスタイルを反映した失敗や困難のリスク、つまり逆境と、それを乗り越える術をストーリーに盛り込む

スタイルに合ったVSSを描くためのステップ

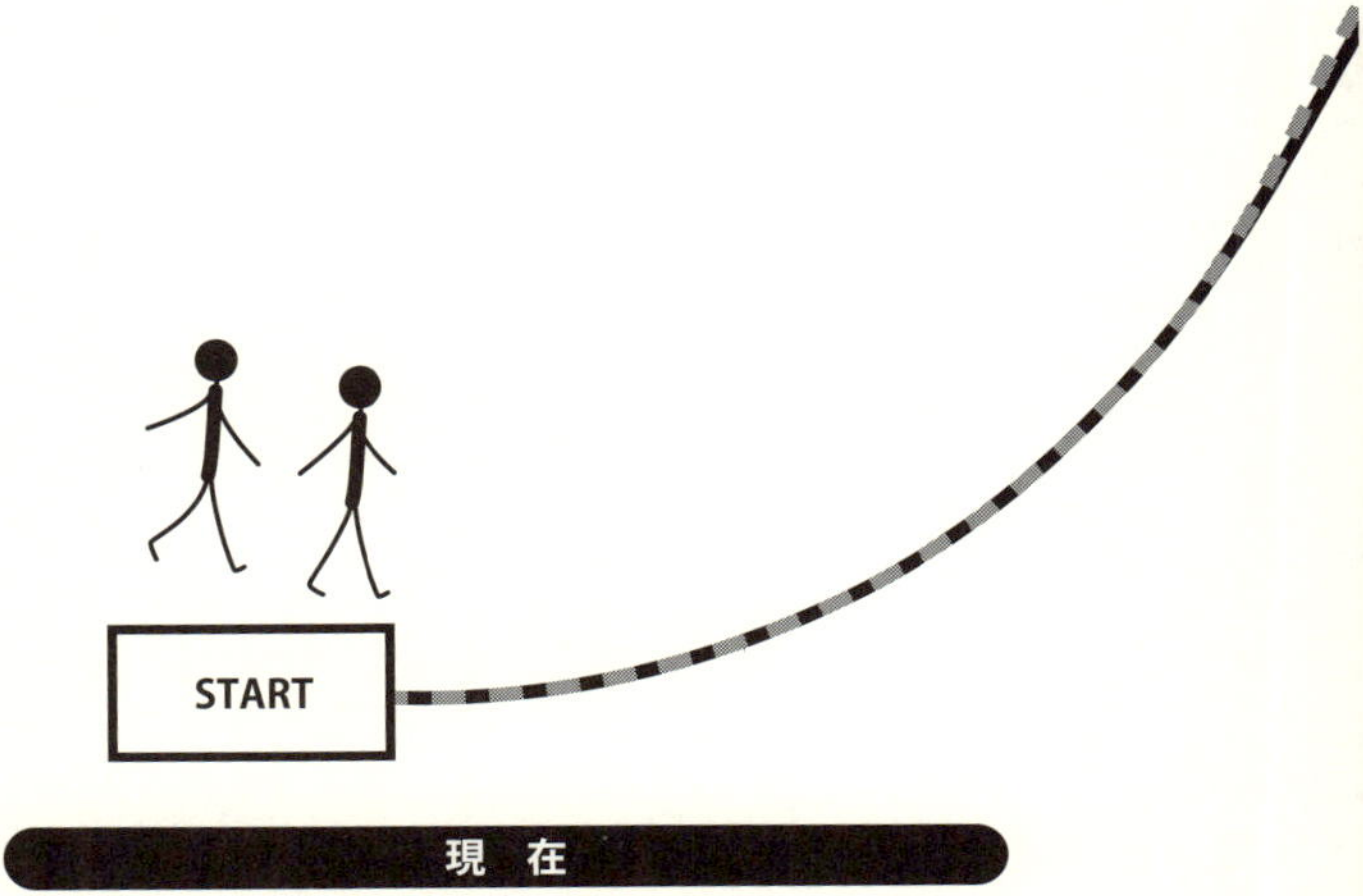

その失敗や困難、逆境の原因と、それを乗り越える術は、その人が置かれた環境も考慮しなければなりませんが、その人のスタイルの中に内在していることが多いのです。

スタイルを反映した失敗のリスクとそれを乗り越える術をストーリーに盛り込む。これが、第2のステップです。

具体的にイメージしてみましょう。93ページに登場した営業マネジャーと部下が、今度はストーリーを描くために会話します。

部下：今期は、お客さんと仲良くなって、数字をあげていくことにします。

マネジャー：でも、単に仲良くなるだけで数字があがっているとも思えないな。特に数字が伸びるお客さんは、他のお客さんと何が違うんだろう？（「人に向き合う態度」の確認）

部下：うーん。いろんな話をしていく中で、お客さんの課題が見えてくるんですよ。それを真正面からぶつけて、結果的に受け入れてくださるお客さんは、大型受注になったりしますね。（「物事に向き合う態度」の確認）

マネジャー：そういえば、複雑な課題にはかなり没頭して取り組むよね。

部下：論理的に課題を突き詰めていくのが好きなんです。
マネジャー：じゃあ、今までそれができなかった顧客とも対話を深めて、課題を見つけて、考え抜いて提案する。そして、取り引きを大きくしていく。そんなスタイルに今期はこだわっていこうか。
部下：そうします。ただ、新規開拓しないと、数字が伸び悩んだときが怖いですね。
マネジャー：新規開拓したいか？
部下：……ぶっちゃけ、いやです。
マネジャー：じゃあ、しなくていいよ。期の最初の3カ月は、数字を気にしなくていいから、まずは顧客との関係作りに時間とパワーを注いでみよう。それが実を結んで、期の後半で数字が伸びる。そんなストーリーを描いておこう。(「あり得る逆境とそれに向き合う態度」「ゴールに到達するまでのスピード感」の確認)
部下：そうですね。じゃあ、まずはお客さんと会話する時間を多くとって、企画提案に力を注ぎます。

この二人の会話に出てきたキーワードは、

・人に向き合う態度
・物事に向き合う態度
・ゴールに到達するまでのスピード感

です。それに加え、

・その人のスタイルに起因する逆境
・それに向き合う態度

も確認しています。もちろん、これらがすべてではありませんが、特に最初の3つはその人らしいスタイルのストーリーを描くために考えるべき重要なポイントです。

それぞれについてより詳しく説明していきます。

❶物事に向き合うときの態度を考える

期待をかける相手が、仕事、勉強、スポーツ、習い事などに向き合うとき、どんな態度で臨んでいるかを考えます。後に続く「人に向き合う態度」と並び、ここに多くの人のスタイルの本質があります。

私は、それがどんな態度でも、人を傷つけたり大きな迷惑をかけたりする場合を除けば、個々が持つスタイルは否定せず尊重したいと思っています。

スタイルは良し悪しではなく、持っていることがその人の力を発揮する礎になり得るからです。

たとえば、仕事や勉強に向き合う姿勢を考えてみましょう。

- 淡々と向き合うのか。ムラがあるのか
- 論理的に考えるのか。情熱や思いやりを大切にするタイプなのか
- 未知のことへのチャレンジが好きなのか。一つのことを深めていくのが好きなのか
- 何かに集中したら他のことが目に入らなくなるのか。常にバランスを重視して全方位に気を配りながら進めるのか
- 仕事優先なのか、プライベート優先なのか

挙げればキリがありませんが、期待をかける側がまず、自らに「彼はいつもどんな態度で物事に向き合っているだろう？」と考え、第三者に同じ問いを投げかけます。

そして、期待をかける相手にも「どういうふうに向き合っている？　どんな向き合い方が一番ストレスが少ない？」と質問することで、その人らしい向き合い方が見えてきます。

こうした向き合い方が、ストーリーの大枠、つまり、ゴール到達までの道のりを決める手がかりになります。

学校の勉強を思い浮かべてみましょう。

成績をアップさせようとするとき、5教科すべてをまんべんなく勉強し、それぞれをアップさせることが向いている子もいれば、まずは1教科を集中して勉強して、そこで勉強の仕方が身についたり、勉強の楽しさを理解したりすることで、後から他の科目もそれに追随してアップしていく、という子もいます。

これは、仕事も同じです。

すべき仕事のすべてを一つひとつステップを踏んで丁寧にこなし、それがゴールに結びつく人もいれば、まずは一つの領域を極め、そこで得た手法を横展開していく人もいます。

一度にいろんなことができず、一つのことに集中したい、という人もいるのです。

さらに、想定すべき失敗も、ここから見えてきます。

本人の目的達成志向が強く、ゴールを目指してわき目も振らず進んでいくスタイルを持ち、周りが見えなくなりがちだとしたら。

そこに発生し得る失敗は、一緒に進んでいく仲間との軋轢や、環境の変化に気付かず、修正しないまま一目散に進んでいってしまうリスクです。

一般的には、こういうタイプの人には「ちゃんと周りに配慮しながら進もう」「環境の変化を常にウォッチしよう」というアドバイスをするのかもしれません。しかし、過度にそれを要求したら、「わき目も振らずに進んでいく」というスタイルを貫けなくなり、その人らしい方法でパフォーマンスを挙げることを邪魔しかねません。

基本的にはその人のスタイルを重視し、そのスタイルを貫くことで起こり得る失敗をストーリーに織り込みます。それを期待をかける側とかけられる側で共有して、その対処法を一緒に考えるようにします。

❷人に向き合うときの態度を考える

その人のスタイルの本質があるという意味では、①の「物事に向き合う態度」と同じく重要です。同様に、ゴールへの道のり、想定すべき失敗とそれを克服する術を盛り込んだストーリーを描く手がかりとして有効です。

上司や部下、同僚、先輩、後輩、友だちに対する態度はどうでしょうか。

- 誰に対しても分け隔てのない態度なのか
- 上司には弱くて部下には強いのか。その逆なのか
- 誰とでもうまくやっていけるのか。トラブルを起こしがちなのか

これも、物事への態度と同様で、他の人とのトラブルを起こしがちだとしても、そのトラブルがゴールへのこだわりや純粋な思いに起因しているならば、やはり大切にしなければならないスタイルです。その人に「おとなしくしろ」と言った時点で、その人らしさは

失われてしまいます。これは、5章で実例を交えて語ります。

起こり得る「トラブル」という失敗を織り込みながら、その人のゴールへのこだわりが生きるストーリーを作るべきでしょう。


企業の組織、あるいは部活動などスポーツの世界でも、その多くは集団でゴールを目指す場合がほとんどです。その集団の中で、どんなポジショニングが最も心地よいのかは人それぞれです。

・チームプレーが得意か、個人プレーが得意か
・チームの中で担う役割は、リーダーかフォロワーか

これも考えてみるといいでしょう。

チームにあっても、チームプレーが苦手で、一匹狼的に頑張ることが得意な人にチームとの協業を強要したら、本人にはストレスが高く、パフォーマンスが落ちてしまうことがあります。

そういう場合、チームプレーの中でも、本人が一人で頑張る瞬間を、できるだけストーリーに埋め込むべきでしょう。

チームプレーが好き、あるいはチームプレーにストレスを感じなくても、リーダーとしてチームを率いるのが得意な人と、フォロワーとして自らの役割をきちんと果たすことが得意な人がいます。

これも、本人が得意な役割のほうが、力を発揮しやすいのです。

❸ゴールに到達するまでのスピード感を考える

ストーリー作りで注意しなければならないのは、「ゴールに到達するまでのスピード感」です。

人によって、時間をかけてじっくり取り組むタイプ、短期決戦・集中タイプなど、ゴールに向かうスピード感にも差があります。前者であれば、ゴールまである程度時間をかけることが大事ですし、後者ならば、あまり時間を長く取ると、途中で飽きてしまったり、中だるみが起こったりするでしょう。

スピードだけでなく、スタートダッシュ型なのか、ラストスパート型なのかによっても、描くストーリーは変わってきます。

スタートダッシュ型であれば、ゴールまでの3分の1の時間で、ゴールの8割を達成するようなストーリーが必要になりますし、ラストスパート型であれば、最初のうちは歩みが遅くても大目に見る、というようなストーリーが考えられます。

多くの人は、意識せずに、自分のスピード感を物差しにして生きています。部下がなかなか仕事を覚えないというとき「自分は3カ月で覚えた」とイライラしたことはありませんか？

足が速い子と遅い子がいるように、人は物事を覚えたり、学習したりする速度も多様です。「ここまでなら3カ月でできるはず」と自分の物差しを押し付け、速く成長しろと追い立てても意味がありません。

期待をかける相手の能力や、普段の仕事ぶり、勉強ぶりを見て、スピード感に合ったストーリーを描きましょう。

STEP❸

スタイルを反映した「S（シナリオ）＝演出用台本」を用意する

ストーリーができたら、最後は演出のシナリオです。現実がストーリー通り運ぶように、支援するための台本を用意しておきます。

93ページから続く、営業マネジャーと部下の対話でもう一度、イメージをふくらませてみましょう。

マネジャー：数字が伸びないっていう逆境に陥ったとき、心配になりそうなことは何かあるか？

部下：やっぱり、焦っちゃうことですかね。新規開拓したほうがいいんじゃないか、とか、余計なことを考えるんです。

マネジャー：じゃあ、数字が伸びなくても、俺はお尻を叩かないよ。だから焦らず頑張れ」（部下と共有するシナリオ）《同時に心の中で：あまりに数字が伸びないときは、数字に結び付ける提案が得意な先輩に、さりげなく同行させよう》（マネジャーだけが持

つシナリオ）

部下：はい。あと、もう一つ心配事があるんですけど。課題を見つけることにこだわると、ついついお客さんとケンカしちゃうんですよね。

マネジャー：そうだったな。確かに、あまりに真正面からぶつかりすぎて、お客さんとケンカすることがあるもんな。

部下：……ガマンしたほうがいいんですよね。本当は。

マネジャー：もちろん、トラブルはないほうがいい。でも、本質的にはトラブルを恐れず、真剣にお客さんのことを考えるそのスタイルは貫いたほうがいいな。それが結果的に数字につながるんであれば。

部下：そうですね！　そうします。

マネジャー：そのトラブルが真摯に取り組んだ結果であれば、一緒に謝りに行くよ。（部下と共有するシナリオ）

ここには、部下と共有するシナリオとマネジャーだけが持っているシナリオの2種類が埋め込まれています。

期待をかける相手と、シナリオを共有するかどうかはケースバイケースなのです。

シナリオを共有すべきときは、期待をかける側が、ストーリー通りに運ばせるために一役買わなければならないときです。

たとえば、その人のスタイルを貫いたとき、チームがバラバラになりそうなリスクがあるとします。そのリスクが不幸にして現実になってしまったとき、本人がどのように振舞ってそれを乗り越えるかは、共有しておかなければなりません。

逆に、期待をかける側だけが持っていればいいシナリオもあります。それは、ストーリー通りに運ばせるために、期待をかける側だけがアクションすればいい、あるいは、そのほうが効果的な場合です。

具体的には、期待をかけられる側が逆境に陥ったとき、あるいは怠けてしまったときなどに、必要に応じて再度ゴールを目指す意欲を喚起する場合などがそれに当たります。

もし、このシナリオを共有してしまっていたら、そのときに期待をかける側が涙を流して熱く語ったとしても、「どうせシナリオ通りだよね」と、相手を興醒めさせてしまうことになりかねません。

そして、やはり重要なのはシナリオに期待をかける相手のスタイルを反映することです。

スポ根ドラマのよくあるシーンを思い出してみてください。

ケガをして、意気消沈しているスター選手がいたとしましょう。しばらくプレーがかなわず、半ばやけになっています。そんなときに届く、チームメイトからの温かいメッセージ。それに彼は心を震わせ、もう一度意欲を取り戻す……。

「チームメイトからメッセージを集め、届ける」

これは、一つのあり得るシナリオです。多くの場合、有効に機能するかもしれません。

しかし、期待をかける相手が、そんなことに心を動かされないタイプだったら……。うれしいと思っても、実際には再び意欲が湧く、というところまでいかない人だって、かなりの確率でいるはずです。

冷静で論理的に考えるタイプであれば、ケガをした時点で、治るのにどれくらい時間がかかり、元に戻るのがどれだけ困難かもわかってしまいます。

そうであれば、彼には仲間のメッセージよりも、彼が知り得ない最新の治療の情報や、実際に治った症例を集めて渡すほうが、元気になるでしょう。

もっと単純に言えば、「頑張れ」と言って頑張るタイプと、「頑張るな」と言ったほうが頑張るタイプがいるということです。これも、それぞれが持つスタイルによります。

同じような逆境、困難、失敗でも、相手によって、期待をかける側が用意すべきシナリオは異なるということです。

シナリオは主に、困難、逆境、失敗を克服するために使います。ですから、期待をかける側は、相手が失敗したとき、物事がうまくいっていないとき、人間関係が悪化しているときなど、あまりよくない状態のとき、どんな態度に陥りがちかをまずは観察しましょう。

そして、それを克服するとき、あるいは普通に戻るとき、元気を取り戻すとき、その人はどんなシチュエーションで、どんな言葉、どんな情報、どんな態度を必要とするのかを、本人になった気持ちで考えることが重要です。

図解・VSSマネジメントの最終形

ここまでのVSS作成の流れをステップ順にまとめたのが、136〜137ページの表です。さらに138〜139ページには、VSSの最終形を図で示してあります。

この曲線は、その人の根っこにあるスタイルによって、大きく変わってきます。もし、スタイルを無視してVSSを描いたとしたら、それはまったく異なる曲線になってしまう可能性が大きいのです。

描いた図を見て、期待をかける側が「あいつらしい」と思え、期待をかけられる側が「自分らしい」と感じ、ワクワクできれば成功です。

もちろん、現実にはゴールが決まってしまっていたり、その人らしさがなかなか見えてこなかったりと、そこにはさまざまな環境要因や個別性があります。そうしたとき、私がどのように考えて、どのようにVSSを描いたのか―それは5章のケーススタディに譲りたいと思います。

本文中の例の場合

- 既存顧客１社１社の売り上げを伸ばして、営業目標を達成するのが得意
- 新規開拓は嫌い・苦手
- あまり高い目標には、しり込みする
- 対前年比 120%を目指す

本文中の例の場合

- 論理的に物事を突き詰め、課題を発見するのが好き
- だから、顧客とも対話を深めて、課題を見つけて、考え抜いて提案し、取り引きを大きくしていく

本文中の例の場合

- 新規開拓しないので、数字が伸び悩む可能性
- 期のはじめの３カ月は、数字を気にしない
- まずは顧客との関係作りに時間とパワーを注ぎ、期の後半で数字が伸びるストーリーにしておく

本文中の例の場合

- 数字が伸びなくても、焦らないようにお尻を叩かない（共有するシナリオ）
- あまりに数字が伸びないときは、数字に結びつける提案が得意な先輩に、さりげなく同行させる（上司だけが持つシナリオ）
- たとえ顧客とケンカをしても、真摯に取り組んだ結果であれば、上司が一緒に謝りに行く（共有するシナリオ）

実際にVSSの曲線を描いてみる

その人のスタイルを反映したVSSの描き方

STEP❶　その人らしいヴィジョン（ゴール）を描く

考えること	考えるポイント
ゴールに向いている内容、ゴールの高さなど	• 好きな領域・嫌いな領域を考える • 得意な領域・苦手な領域を考える • 目標の設定は高いほうがいいか、手が届きそうな目標がいいか • 成長を目指すのが向いているのか、成功を目指すのが向いているのか

＊ ゴールへのスタイルの反映ができなければ、いさぎよくあきらめること。ストーリーにその人らしさを強く反映する

STEP❷-1　その人らしい、最もストレスのないストーリーを描く

考えること	考えるポイント
ゴールを目指すにあたり、その人が最もストレスのない目指し方	• 物事に対する態度 / 人に向き合う態度 • 個人プレーが得意か、チームプレーが得意か • リーダータイプかフォロワータイプか • ゴールを目指すスピード感

STEP❷-2　ストーリーに逆境を埋め込む

考えること	考えるポイント
その人が陥りそうな逆境	• 失敗していること • 失敗の原因 • 失敗しそうなこと

STEP❸　ストーリー通りに運ぶように、シナリオを用意する

考えること	考えるポイント
よい状態にないときにどのような態度・行動・言動をとるか 順調な状態にあるときにどのような態度・行動・言動をとるか	•忙しいとき / 体の調子が悪いとき / ピンチに陥ったとき •苦手なこと・不本意なことをやっているとき •人間関係がうまくいっていないとき •時間に余裕があるとき / 仕事がうまくいっているとき •人間関係がうまくいっているとき •チャンスへの向き合い方

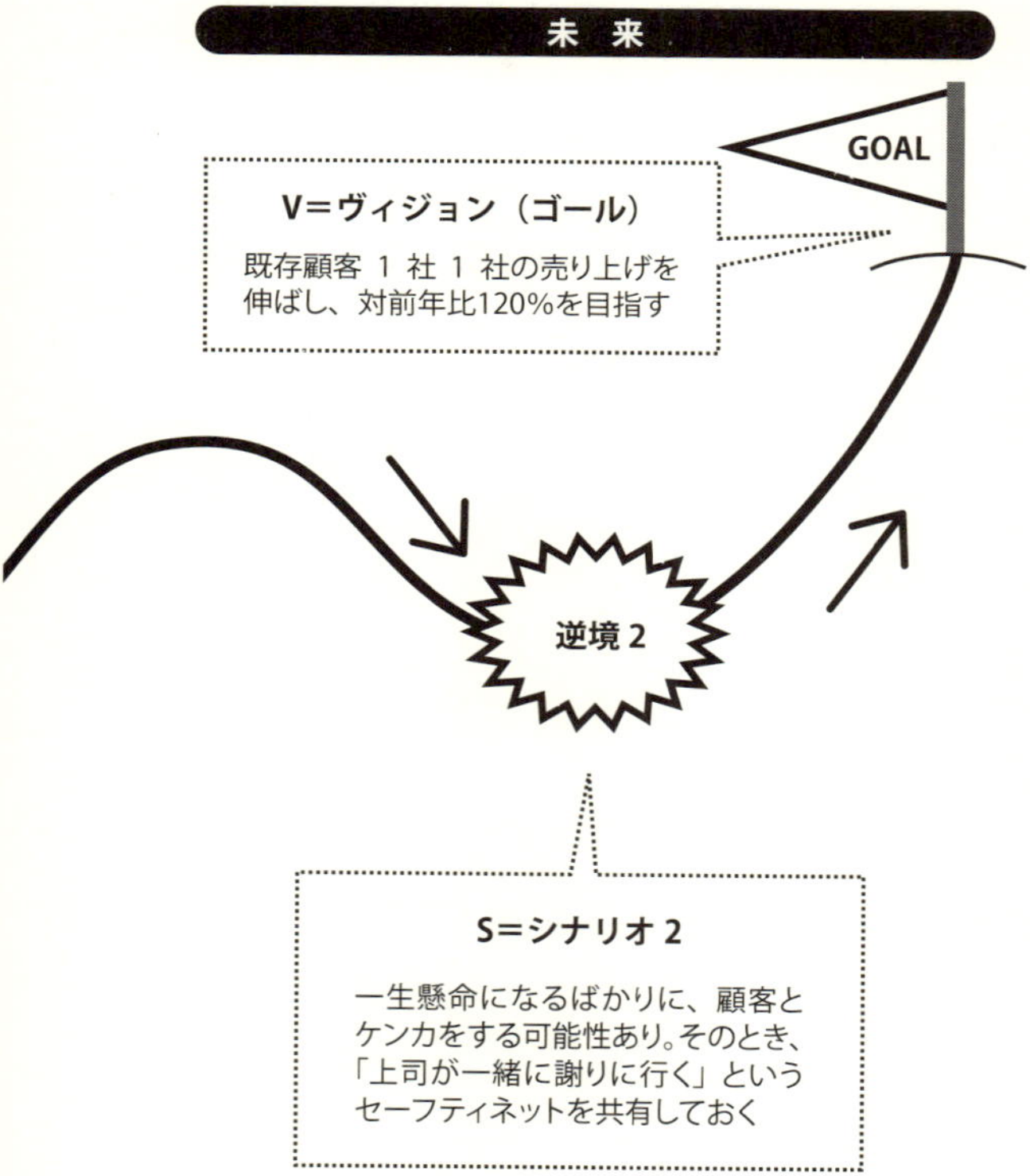
未来
GOAL
V＝ヴィジョン（ゴール）
既存顧客 1 社 1 社の売り上げを伸ばし、対前年比120%を目指す
逆境 2
S＝シナリオ 2
一生懸命になるばかりに、顧客とケンカをする可能性あり。そのとき、「上司が一緒に謝りに行く」というセーフティネットを共有しておく

VSSの最終形
（本文中の営業マネジャーと部下の場合）

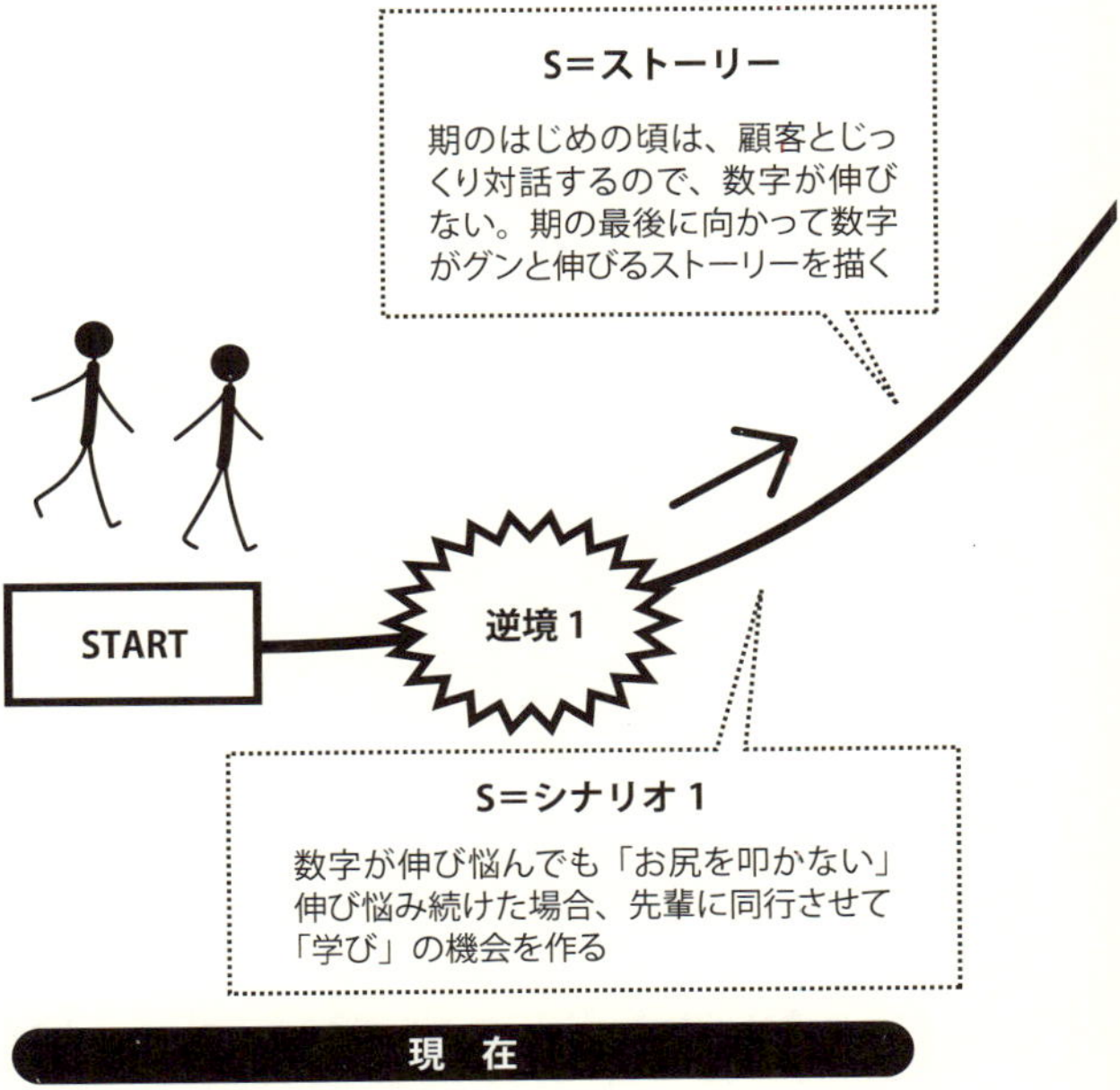
S＝ストーリー
期のはじめの頃は、顧客とじっくり対話するので、数字が伸びない。期の最後に向かって数字がグンと伸びるストーリーを描く
START
逆境１
S＝シナリオ１
数字が伸び悩んでも「お尻を叩かない」
伸び悩み続けた場合、先輩に同行させて「学び」の機会を作る
現　在

第4章

自分への期待をコントロールし、ゴールを達成する

自分にかかる期待を上手にコントロールする

ここまで、部下や子どもなど、他者に正しい期待をかけ、ともにゴールを目指す方法を書いてきました。

ここで、「自分が期待をかけられる場合」についても考えてみましょう。

上司や親からかけられる期待、夫や妻、恋人、友人からかけられる期待。ふと気がつくと、あなた自身にもさまざまな期待がかかっているはずです。

さらに言えば期待は、実は他者にだけかけるものではありません。知らず知らずのうちに、自分に対しても期待をかけています。会社や学校だけでなく、プライベートでも、「自分に対する期待」から離れることはできません。

優等生でいなければ。

頼りがいのある上司になろう。

料理上手な妻でありたい。

自分自身にそう言い聞かせていませんか。

前章まで述べてきた他者に対する期待と同様に、自分にかける期待が正しいものならば、それは大きな成果をもたらしてくれるはずですが、誤ったものならば期待通りに運ばないばかりか、あなた自身が持つ可能性を狭めてしまうことになります。

ここからは、そんな「自分への期待」のコントロール法について語ります。

自分らしい人生を生きている実感が得られない理由

人は目標の達成にとても苦しんだり、ともすると、自分らしい人生を生きている実感を得られなかったりすることがあります。

他者から振り回される人生。

自分の思い込みで可能性を狭める人生。

どちらも、つまらないし、つらいと思いませんか？

たとえば、就職活動。自分の強みを見つけたり、志望する会社を選んだり、自分の進むキャリアをイメージしたりします。あるいは会社の中で、どうなっていきたいのか、どんなスキルを身につけ、どんなキャリアステップを踏んでいきたいのかを考えます。

「自分のキャリアは自分で作れ」。そう言われてきた世代にとっては、これらは常に、真剣に向き合わなければならない大きな問題の一つでしょう。


しかし、そこで思い描くキャリアステップやゴールは、本当に他者や一般的な価値観の押し付け、思い込みによるものではないのか。あるいは、自分が自分の経験の中で狭量に導き出した狭い選択肢ではないのか。

立ち止まってそう考えたとき、思い当たることがあるならば、それは、「他者からの自分への期待」や「自分からの自分への期待」にがんじがらめになっているおそれがあるのです。


もし、他者からの期待に振り回されているのであれば、相手の期待を修正していくテクニックを身につけなければなりません。自分がかける他者への期待が相手を苦しめることがあるように、他者から受ける期待が自分を苦しめていることがあります。

一方、自分自身に「もっと可能性があるかもしれない」と思って期待するのであれば、他者の話も聞かなければなりません。

正しい期待が他者をゴールに導くことがあるように、自分による自分への期待を正しくかけることで、自分をゴールに導く支援をすることができます。

こうしたテクニックを、この4章で紹介したいと思います。

就職活動中やキャリアの初期では、自分らしさがわからず、道に迷うことも少なくありません。

あるいは、会社の中でミドル層に達したとき、部下と上司の異なる期待の板挟みになって苦しむこともあるでしょう。

そんなときこそ、自分からの期待、他者からの期待の正体を知り、上手にコントロールする「プロジェクトマネジメント」に取り組んでみよう、というのがこの章の狙いです。

ゴール達成を阻む他者からの期待とは

整理すると、自分への期待には、次の二つの種類があります。

・他者からの自分への期待
・自分からの自分への期待

この二つの期待のマネジメントの失敗は、ゴール達成が遅れたり、悪くすると未達成となることにつながります。

概念論だけではわかりにくいので、まずは私の経験を例にとってお話ししましょう。

2006年、私は早稲田大学ラグビー蹴球部の監督に就任しました。就任直後から、周囲からの大きな期待を背負っていたのは、言うまでもありません。

しかし、1997年に大学を卒業後、英国留学を経て帰国し、シンクタンクに勤務していた私は、約10年間、趣味程度でしかラグビーに触れていませんでした。
そんな私の前任者は、カリスマ監督として知られる清宮克幸氏。「清宮監督のように明確な戦略・戦術を打ち出し、自分たちを勝利に導いてほしい」という選手たちからの期待を、私は一身に受けたのです。

そんな彼らの期待に私も応えようとし、初年度、選手たちを知らないまま戦略と戦術を打ち出しました。そして彼らに請われるまま、ビデオで清宮監督がやっていた練習法を研究し、それを取り入れたのです。

とはいえ、清宮監督と同様の練習によって選手を満足させることができたのは、ほんの一瞬のことでした。練習を始めて5分、10分経つと、選手たちの中から「清宮監督はもっとどこが悪い、こうしろ、と、ズバッと指摘してくれたのになあ」という声が挙がってきます。

彼らが期待していたのは、清宮監督と同じ練習の方法だけではなくて、そこで発せられる清宮監督のような強く、的確なアドバイスだったのです。

しかし、私は10年ラグビーから離れていた、いわば「シロウト」同然の監督でした。清宮監督のような的確なアドバイスが、そう簡単にできるわけがありません。私は迷い続けました。どうしたら彼らの期待に応えることができるだろうか、と。

そして、気がついたのです。そもそも、私のゴールは彼らの期待を満足させることではないのだ、ということに。

あくまでゴールはチームを大学選手権の勝利に導くことであり、そのために彼らを成長させることだったはずです。そう、彼らの期待と、私のゴールがそもそもズレていたわけです。

そして、ゴールだけでなく、「カリスマ」という清宮監督と同様の期待を私に抱いていた彼らと、私のスタイルにも完全な齟齬がありました。

私の現役時代、つまり早稲田大学ラグビー蹴球部のキャプテンを務めていたときには既に、チームのメンバー全員の自律性を重んじ、それぞれがそれぞれのスタイルを発揮することによって勝利に近づく、というスタイルを取っていました。私の鶴の一声で何かが決まる、というチーム作りではなかったのです。

私が私自身にかける期待も、選手たちから受ける期待に影響されて、「清宮監督のように選手を満足させるにはどうしたらいいだろう」という誤った方向に行っていたのでしょう。だからこそ、迷ったし、悩みました。

そういう意識は明示的にはありませんでしたが、彼らの期待に応えようとしたということは、どこかに「いい監督と思われたい」「指導者として評価されたい」という思いがあったのかもしれません。

また、名監督である清宮監督の姿が「いい監督像」として刷り込まれ、その引力に引っ張られていたのかもしれません。そのときの私は、自分の自分に対する期待もあいまいになっていました。

それに気付いたとき、私はどうしたか。

まずは選手たちの期待に応えないことにしました。

自分のスタイルを再認識しました。

そして、私のチームマネジメントのスタイルを伝えました。

選手それぞれのスタイルを重視し、自律性を重んじること。

自分たちで勝ってほしいこと。

私に、期待するな、と。

「いい監督」としてたとえ評価されたとしても、チームを勝利に導くことができなければ意味がありません。

このように、他者や自らの自分に対する期待が、人を迷わせ、ともするとゴールから遠ざけることがあるのです。

逆に言えば、そうした間違った期待から自らを解放することで、目指すべきゴール、目指したいゴールに集中することができるようになります。

つまり、他者にかける期待と同様に、「自分のスタイルに忠実なVSSを描き」「他者とすり合わせていくこと」によって、ゴールは近づいてくる、ということなのです。

自分のスタイルを見極め、自分らしいVSSを描く

ならば、まずは自分のスタイルを知り、自分らしいVSSを描かなければなりません。

自分のことは自分が一番よく知っている、などと思わないでください。自分が知っている自分は、ほんの一面にすぎないのです。

前の章まで「(自分がかけてきた) 他者に対する期待」について考えてもらいましたが、今度は自分が受けてきた期待を思い返してみてください。


小さな頃から、どれだけ「○○らしくしなさい」と言われたことでしょうか。

男の子（女の子）らしくしなさい。

中学生になったんだから、中学生らしくしなさい。

学級委員らしくしなさい。

スポーツマンらしくありなさい……。

このような「らしく」は世間の一般的な価値観を適用したものにすぎず、そうした言葉の刷り込みが、自分の個性とは違う個性を「上塗り」している可能性はないでしょうか。

また、有名な「ウサギとカメ」という童話を思い出してみてください。

この童話の教訓とされている、「あきらめずに頑張れば、必ず報われる」というメッセージ自体は尊いものです。

しかし、実際にはウサギのように最初にスパートをかけて、後で少し息切れしたとしても、最終的にゴールに到達すればいいはずです。その人らしいゴールの目指し方があるはずなのに、どこかで「コツコツ努力し、一歩一歩進むことは素晴らしい」という価値観が刷り込まれています。なぜか、ウサギのスタイルは全否定です。

さらに、そもそもなぜ足の遅いカメが足の速いウサギと競争しなければならないのでしょうか。ウサギに鈍さをバカにされたといっても、生まれ持った強みが違うのですから、頭にきても仕方のないことです。初めから不利なことはわかっているのですから、競技選択そのものが間違っています。カメは、たとえば甲羅の固さを競うとか、カメの強さを生かしたところ、カメらしいところで勝負をすればいいのです。

このように、自ら目指すと決めたゴールすら、実は自分にはまったく適していないものである可能性があるかもしれないことを理解しておきましょう。

現実に当てはめていうならば、大手企業に入ることが、自分の人生のゴールでしょうか。それは、親の価値観を当てはめたにすぎないのではないでしょうか。

英語を勉強して国際的に活躍できる人材になりたい。最近、社内公用語を英語にする、海外人材の採用を活発化するなど、企業のグローバル化が一気に進んだことで、社会の動きに合わせて自分のゴールを設定してはいないでしょうか。

同様に、リーダーシップを発揮するのはさほど得意ではないのに、会社や部下が求めるままに「いいリーダー」であろうとしていないでしょうか。

まずは、こうした他者、会社、社会からの「引力」から自分を解放することです。

そして、本当に自分らしいゴールとは何か、そのゴールを目指すにあたり、大切にすべき自分のスタイルは何か。これをもう一度問い直すことから、自分らしいVSSを描くことは始まります。

自分のスタイルを反映したＶＳＳを描く方法は、３章の他者に期待をかけるときと同様です。簡単に、そのポイントをおさらいしましょう。

❶自分らしいヴィジョン（ゴール）を描く

- 好きな領域・嫌いな領域を考える
- 得意な領域・苦手な領域を考える
- スタイルに合った目標設定の高さを考える

❷自分らしいストーリーを描く

- 物事に向き合うときの態度を考える
- 人に向き合うときの態度を考える
- ゴールに到達するまでのスピード感

これらを検討したうえで、次の二つの手順を踏んでください。

- 第一ステップとして、ゴールまで最もストレスのないストーリーを描く
- 第二ステップとして、自分が陥りそうな失敗、困難、逆境を埋め込んでいく

❸自分らしいシナリオを用意する

- 自分が逆境に陥ったとき、あきらめそうになったときなどの対処法を考えておく

136～137ページのシートを使用して、VSSを描いてみましょう。

そして、できれば「自分らしさ」をより深く知るために、友人や家族など、多面的に情報を集めたほうがいいのは、他者のスタイルを見極めるときと同様です。

スタイルがどうしても見つけられないとき

とはいえ、いろいろ考えてみたけれど自分のスタイルがよくわからない、自分らしいVSSが描けない、という方もいるでしょう。

私が多くの選手のスタイルの確立を支援してきた経験で言えば、スタイルがわからない、という人の多くは、他者評価に依存しているように思います。

他者評価とはすなわち、上司にプレゼンテーションがうまいとほめられたり、担任の先生に学級委員としてクラスをまとめることに長けていると言われたり、ということです。

他者評価に依存する人の多くは、自分のいいところ、得意なことを自分自身の物差しで測るのではなく、他者に認められたことを自分の強みだと認識する傾向があります。

では、他者評価に依存してしまうのはなぜなのでしょうか。

それは、自信の欠如が大きな要因になっていると私は分析しています。

自信がないと、自らの考え方や行動の一つひとつを自らの価値基準で決めることができません。

自分ではここが強みだと思うけれど、人がどう思うかわからない。他者に認めてもらってこそ、自分の強みだ。そんなふうに考えていると、本当はしっかりとしたスタイルを持っていても、それが自らのスタイルだと確信することができないのです。

ここまで、「自分が見ている自分だけが本当の自分とは限らない」と言ってきたことと矛盾するようですが、他者の評価に依存しがちで、自分に自信がないという人は、いったん他者の意見を聞くのをやめて、自分の心に問いかけてみましょう。

「本当に自信が持てたのは、どんな場面、瞬間だったか」と。

そして聞こえてくる自らの心の声を、真摯に受け止めましょう。

生きてきた道のりの中ですべての場面、すべての時期、すべての瞬間において自信が持てなかった人など、いないのではないでしょうか。

仕事全般を見たときは自信がない人でも、電話応対には自信がある。念入りに調べるのには自信がある。追い詰められたときのバカ力には自信がある。高齢者の応対には自信がある。

このようにある分野、ある瞬間、ある人の前では自信が持てる、という領域が誰しも必ずあります。

こうやって切り取ってみると、自分の軸を持って、他者評価を気にせず仕事や物事に臨める瞬間があることに気付くはずです。

それこそが、スタイルなのです。

自分に自信がない瞬間に注目するのではなく、自信が持てる瞬間に光を当てて、その瞬間を増やしていくこと。

それが、自分らしいＶＳＳを描くことにほかなりません。

自分を100%受け入れてくれる人の存在を作る

選手たちの指導や企業のコンサルティングにあたる中で極めて残念に思うのは、私から見ればスタイルがしっかりとあるにもかかわらず、自らのスタイルに自信を持てる人がなぜこれほどまでに少ないのか、ということです。

私自身の経験を振り返ると、その自信は、よいところも悪いところもひっくるめて認めてくれる存在がいることによって醸成されることがわかります。親でも、先生でも、上司でも、友だちでも、恋人でもいいのです。

先に、私は大学時代に「メンバーそれぞれの自律を重んじ、個性を発揮することで勝利を勝ち取る」というスタイルを確立したと言いました。それは、大学時代のラグビー蹴球部の同期たちが、私のいいところも悪いところもすべて受け入れてくれたからこそ、できたことでした。

ゴールを見失わず、同じ方向を目指しながら個性を発揮する。

彼らはこの手法を認め、支持してくれました。レギュラーポジションをほとんど獲得したことのない私を、先輩や監督の反対を押し切ってキャプテンに推挙してくれたのも彼らです。

だからこそ私がそのスタイルを発揮せず、いわゆる世間でいう「リーダーらしさ」に流されて物事を決めたときには、厳しくそれを指摘してくれました。

「おまえはおまえらしくやれ」

この言葉が、私のスタイルの確立を後押ししてくれました。

極論ですが、弱みを見せられない友人が100人いるAさんと、99人から嫌われていても、たった一人でもすべてを受け入れてくれる友人がいるBさんだったら、Bさんのほうが圧倒的にスタイルを確立しやすいのだと思います。

まずは恐れずに自分らしさを「カミングアウト」してみましょう。

そうすれば、たとえ短所がたくさんあっても、自分の存在をまるごと肯定してくれる人に出会うことができるはずです。


カメは、カメでいい。

ウサギは、ウサギのスタイルでいい。

いつかカメがウサギになることを夢見て、必死に速く走ろうとしなくていい。

そんなふうに思えてこそ、自分らしい人生のゴールを自分らしいスタイルで追いかけることができるようになるのではないでしょうか。

ムダな期待に押しつぶされないために

自分のスタイルを反映したVSSを描くことは、実は他者からのムダな期待を排除できる、という大きな効果もあります。

先の私の例のようにムダな期待がかかると、ゴールを見誤り、ムダなパワーを使ってしまうことが多いようです。

多くの人は他者から高く評価されたい、という願望をどこかに持っています。

ですから他者から期待をかけられた内容が、たとえ自分が本当にやりたいこととは異なっていても、あるいはどちらかといえば苦手なことだったとしても、知らず知らずのうちに、必要以上に頑張ってしまうことになるのです。

やるべき仕事をたくさん抱えているときに、人から依頼された仕事をついつい頑張ってやってしまう。それ自体は別に悪いことのように思えませんが、本来の仕事を期限内に達成するというゴールに照らし合わせてみると、あまり得策とは言えません。

日常的なこうしたシーンでは、本来の仕事を食ってしまうほどの問題は感じないかもしれません。

しかし、必ず達成しなければならないゴールを目の前にしているときに、ゴールを見誤り、ムダな頑張りを続けてしまうと、結果的に本来のゴールの達成を阻むことになってしまいます。

再び私の例を挙げましょう。

早稲田の監督時代、毎年課せられる私のゴールは、チームを全国大学選手権の優勝に導くことでした。

私は先にお話ししたように、自らのスタイルを思い出したことで、「カリスマ性を持って自分たちを勝利に導いてほしい」という選手の期待に応えようとする気持ちを、早々に捨てました。もちろん、OBやマスメディア、ファンからの「早稲田の監督とはこうあるべき」像に応えることもやめてしまいました。目指すべきは優勝。「よき指導者像」に応えることではないからです。

しかし、もし私が自分のスタイルを捨てて、よき指導者としての期待に応えることに腐心していたら、練習の指導法、試合の戦術の決定の基準が、「勝利のため」ではなく「よき指導者であるため」にすり変わっていきます。そうしたら、本来のゴールである「勝利」からどんどん遠のいてしまったでしょう。

もちろん、もともと実績不足で周囲から不安視されていた私が、「選手が頑張って、自らを勝利に導いてくれ」と言わんばかりの姿勢を貫いていたのですから、「監督失格」「辞めろ」という批判もかなり受けました。

それでも自らのスタイルを貫くことが「勝利」というゴールに少しでも近づくと信じていたことで、淡々と、粛々と自分の仕事に集中することができたのだと思います。

他人の期待と自分のゴールが食いちがったら

とはいえ、私のように、他者の期待と自分が目指すゴールが一致していないことが、厳しい状況を生むのは事実です。ファンの方々から「辞めろ」と叫ばれたように。

これに対処する方法は二つあります。

❶ ゴールを相手とすり合わせる

❷ 期待に応えないと決める

本来は、期待をかける他者と自分が目指すゴール、その目指し方を共有していたほうが、他者も応援してくれるわけですから、ストレスなくゴールを目指すことができます。できたら自らが描いたVSSを、期待をかけてくれる他者とすり合わせておいたほうがいいのです。

他者がかけてくれる期待が自らが設定するゴールと合っていない場合、まずはその人の期待はどこから来たのか、期待の本質を見極める必要があります。

では、どのように期待の本質を見極めるのでしょうか。

❶ゴールを相手とすり合わせる

もし、あなたと同じくらいあなたの志向や強み、弱みを真剣に理解してくれようとし、一緒にゴールに向かって支援してくれようとしているのであれば、その人とはすり合わせを試みてみるべきでしょう。

ただし、相手があなたを一生懸命理解しようとしていても、あなたの本当の志向や強み、弱みを読み間違えていることがあります。

たとえば、いつも丁寧にわかりやすい書類作成をしているあなたを見て、上司は「コツコツと論理的に積み上げる仕事が好きなのだろう」と考えているかもしれません。あなたが「新人とは資料作成を一生懸命やるもの」という役割意識から、無理をしていることを知らずに。

そんな場合は、もし、あなたが「顧客接点となって活躍したい」というゴールを描くと、上司はきょとん、としているかもしれません。

「なぜ自分が自分でそのようなゴールを描いたのか」「なぜ自分のスタイルをそのようにとらえているのか」について、「大学時代はサークルの渉外として、資金を提供してもらうために近所の商店街を回っていたんですよ」など、具体的なシーンが相手に思い浮かぶように、あなたという人について、一生懸命説明するといいでしょう。

しかし、ときにはあなたが見ていないあなた自身の本質を見てくれていることがあります。「こんなふうに丁寧に、誰もがわかりやすい資料をまとめられる人はそういないんだよ。渉外として資金を集めるためにも、文章なり、会話なりでわかりやすく相手に意図を論理的に説明していたんじゃないか」

こんな言葉をかけられたとき、そこにあなた自身が納得できる、「そういえば、自分にはそんなところがあったかもしれない」と具体的なシーンで思い浮かぶことがあったならば、あなたが描いたVSSを修正する必要が出てきます。

そうすれば、それぞれが見る「自分」像から、より本来の自分の輪郭が明確になり、より本質的に自分らしいVSSが描けるでしょう。

❷期待に応えないと決める

しかしながら、前章で述べた通り、期待をかける側の経験則や一般的な価値観から、あなたにも同様の期待をかけているにすぎないことも多いものです。

「私の経験では、こうあるべき」「一般的にはこうだ」という言葉が出てきたら、それが、自分勝手な期待である可能性は、決して低くありません。

それは「愛」に起因している場合もありますし、自分の経験則や一般的な価値観を適用しておけば安心、という、自らの不安を減らしたいだけの場合もあります。

最も悪いのは、その人があなたに期待をかけるふりをして自分の影響力を誇示したいだけ、という場合です。

いずれにしても、よくよく考えてみれば、期待を受ける側、つまり、あなたのためを本当に思っているわけではないのです。

「愛」は一見、あなたのためのように思えますが、そうとも言い切れません。将来のためといって本人が望まない塾にいくつも通わせる親の多くは、自分の不安をコントロールできないために、子どもを期待という名のもとにコントロールしようとしているにすぎません。実はこのような期待は、すり合わせるよりは、応えないほうが手っ取り早いことがあるのです。

前述した、早稲田ファンからの私への期待の話を思い出してください。

ラグビーの試合では、監督はピッチに入ることができず、観客席から観客と一緒に観戦します。想像してみてください。周囲は、早稲田ファンばかりです。私の指導や采配に不満を持つファンの方々の「辞めろ」という声が直に耳に届くのです。

実際にこれを経験すると、精神的にはかなり大きなダメージを受けますし、彼らの期待に応えられないことに対して申し訳ないという気持ちもありました。

しかし、彼らの本来の期待は、私が彼らの期待にそう監督であることではなく、早稲田の勝利だったはずです。ところが、彼らは彼らの中の「よき早稲田の監督像」から離れることができずにいました。

残念ながら私には彼ら一人ひとりと期待をすり合わせる手段がありませんでしたし、そこにパワーをかけるならば、その期待に応えることをやめ、勝利へのゴールに向かって、私らしい指導法、戦術を貫いたほうがいいと思っていました。

だから、「私がダメ監督でも、選手たちが頑張って勝利に導いてくれますよ」と、心の中で繰り返していたのです。

ムダな期待の外し方

では、どうやって期待に応えないようにするのでしょうか。私は次の三つの方法があると考えています。

❶ 反論・抗議する
❷ 無視する
❸ 受け流す

一つめは、「反論・抗議する」です。しかし、これは相手と真っ向から戦うことになります。私が、「辞めろ」というファンの方々に向かって、「辞めない、自分は自分のスタイルを貫くんだ」と叫ぶようなものです。そうしたら、ファンの方々はさらに反感を持つでしょうし、そこにパワーを割いていたら本来の仕事に力が注げず、ゴールから遠のくことになってしまいます。これは最も避けたほうがいい選択肢です。

次に「無視する」という選択もありますが、「無視」はその言葉通り、相手の期待をまったく聞き入れない、つまり、耳に入れていないということであり、ときに軋轢を生むことがあります。

「無視された」と思えば、いい気持ちがしないのは逆の立場で考えればわかります。

ですから、私は多くの場合は「受け流す」という方法を取ります。

受け流す、とは、文字通り「受けて」「流す」ことです。相手の期待に応えることはしませんが、相手を否定することもなく、相手の期待をいったん受け入れているように見せる手法です。

「あなたの言っていることはよくわかるけれど、今は難しいね」

「検討してみるけれど、タイミングが合わないかもしれない」

このように、受けて、流すのです。

学生たちから「清宮さんのように強く、的確なアドバイスをしてほしい」という期待を受けていたことは既に書きました。しかし、私が目指していたのは、選手それぞれが自律的に力を発揮するチームです。

ですから、選手から「清宮監督のように」という期待を受けるたびに、「そうだね。言っていることはわかるよ。でも、まずは自分で考えてごらん」と流していました。

今までそんなことを言われたことのない選手たちは、当然混乱しました。失望する選手もいれば、「何も教えてくれない」と文句を言う学生もいました。しかし、私の態度が変わらないことがわかると、彼らは指示を求めることをあきらめたのです。

ちなみに、私の経験からすると、おおむね3回期待に応えてもらえないと、人は期待せずにあきらめてくれるものです。

話がそれましたが、選手たちは指示を仰いでも意味のないことを悟り、練習の方法の考案や試合後の振り返りなどを自ら話し合い、知恵を絞って決めるスタイルにシフトしていきました。

相手の期待を受けて流す、というと、心苦しいと思う人もいるかもしれません。しかし、そもそも、かけられているのが自分勝手で無責任な期待だと思えば、受け流すこともそれほどひどいことではありません。

特にこの例で言えば、当時の学生たちのゴールも、実は「勝利」であって、私の指導法の向上が目的ではなかったのです。

もちろん私にとっても、ゴールは勝利。別に自分だけの力でゴールを達成したことを誇示することではありませんでした。ならば、本質的な期待の内容はそもそも一致しているのだから、最終的にはゴールを達成すればいいのです。そんな解釈が、私の気持ちをラクにしてくれました。

ゴールを目指すプロセスが一致しなくても、こちらが選んだプロセスによって最終的にお互いが真に願うゴールにたどり着けるならば、お互いにとってハッピーな解決法ではないでしょうか。

第5章

《実践》期待のマネジメント

「期待」で、人はどこまでも伸びる

ここからは、期待のプロジェクトマネジメント、すなわちVSSマネジメントの実践例です。

早稲田大学ラグビー蹴球部時代の選手たちにどのように期待をかけ、彼らがどのように頑張ってくれたか、ケーススタディでお話ししたいと思います。

もちろん、「私が期待をかけたから」＝「彼らが成長した」というような、明確な因果関係が成り立つわけではありません。きれいごとで言うわけではなく、事実として彼らの頑張りがあってこその彼らの成長です。

私が言えるのは、私が彼らの頑張りを支える一端になったかもしれない、ということだけです。私のほかにも親、友だち、恋人、他のメンバーたちの支えも必要だったはずです。

ただし、彼らの成長を本気で願い、そのために何をすべきか、誰よりも一番考え抜いたという自負もあります。

期待をかける相手の成功や成長を本気で考えるのであれば、自分には何ができるのか。
どんな支援をすべきか。
そんな視点で読んでいただければと思います。

CASE❶
不満ばかり言って意欲がない人をどう成長させるか

「どん底」に突き落とし、ゼロからやり直すストーリー
塚原一喜の場合――

できないこと、やらないことを他者の責任にするタイプ

私は、人を怒るのが苦手で、ほとんど怒ることがありません。怒っても迫力がないことがわかっていますし、それが人をいい方向に変えるとも思えないのです。だから、できるだけ怒るようなシチュエーションにならないように、常にコントロールしています。

しかし、何年に1回あるかないかですが、本気で怒ることがあります。監督就任2年め、この塚原一喜に対して、それは起こりました。

早稲田ラグビー蹴球部には5軍までありますが、練習で私が直接指導するのは、基本的

にレギュラーの1軍、そしてそのレギュラーに絡む可能性がある2軍のみ。3軍以下の練習は、それぞれ担当コーチに任せていました。

その日はたまたま遠目に3軍の練習を見ていました。その中で、明らかに「ずる」をしている塚原に気付いたのです。

8人でグループを組み、順番に役割を変えて、あるプレーの練習をしていました。しかし、塚原は、キツいポジションにならないように上手に自分の立ち位置を変えていたのです。最初は偶然だろうと思いましたが、何度も同じことが繰り返される。その態度にあまりにムカついて、彼に近づいていきました。

「おまえは練習しなくていい。グラウンドの周りを走ってろ」

そう命じ、ひたすら走らせておいたのです。あまりに長い時間、彼を走ったままにさせておいたので、担当コーチがかわいそうに思って「練習に入れてもいいですか」と言いに来たくらいでした。

そもそも彼は、いわゆる「不満分子」でした。

どこの組織にもいるような、組織や上司に対して常に不満を持って、自分ができないこと、やらないことの責任を環境や他者に押し付けているようなタイプです。

不満を理由に練習から逃げている。だから伸びない。そしてケガも多い。もともと能力が高いのに、レギュラーには遠い3軍、4軍をうろうろしている。するとまた、「自分を使ってくれない」と監督など指導陣に対して不満がたまり……という悪いスパイラルに完全にハマっていました。

この「事件」の後も、そんな彼に変化はなく、「あいつはわかってない」という私への陰口も耳に入ってきました。

「退寮」という厳しい措置で、原点に返らせようとした

「退寮が決まったから」

私が塚原にそう伝えたのは、3年生のシーズンが終わった直後、新しいシーズンが始まる直前でした。ラグビー蹴球部の寮に入れるのは、レギュラーや、その見込みがある選手のみ。そこからの退寮は、戦力外通告にも等しい厳しいものです。さらに、それまでは寮の業者にやってもらってきた食事管理などを、すべて自分でやらなければなりません。

塚原は、驚きを隠せずにいました。

私が塚原にそんな厳しい態度に出たのには、理由があります。私はたまたま高校時代の彼に会ったことがありました。その頃の彼は能力が高いだけでなく、素直でひたむきな選手でした。だからこそ、悔しさをバネに、もう一度昔の彼の本来の姿を取り戻してほしかったのです。

「おまえはまだやれる。俺が知っているおまえはもっと純粋だった。寮を出て、もう一度原点に返って頑張ってみないか。本当に、期待しているよ」

そう言葉をかけました。

それでも反抗するだろうか。そんな心配は、杞憂に終わりました。

塚原は急に、ある意味、気味が悪いほど練習にひたむきになったのです。コーチたちの「きっと長く続かないよ」という予想も裏切り、彼は頑張り続けました。

しかも他の選手のケガもあって、春のシーズンが始まってすぐ、彼は2軍に昇格。本人もケガをしていましたが、必死に治療に取り組んで、1軍が遠征でいないときの試合ではテーピングをぐるぐる巻きにして出場し、大活躍したのです。

「そのケガじゃ、無理だろう」という私の言葉を、彼は聞き入れませんでした。「ここであきらめたら、絶対後悔するから」と。

彼の成長は、選手としてパフォーマンスを挙げるに留まりませんでした。

「僕の仕事は、最大のライバルである有田を強くすることです」

面談で、塚原は言い切りました。

有田隆平は、2年生ながらレギュラーを張る優秀な選手でした。私は常々、同じチームでも同じポジションのやつとは戦え、と言い続けてきました。そして、4年生の塚原には次のシーズンはありません。有田にレギュラーを取られたら、塚原にはもうチャンスはない。それでも「有田を育てる」というのです。

「有田はポテンシャルはすごいが、まだまだスクラムが弱い。僕があいつに教えられることはたくさんあります。僕らが優勝するためには、それが必要だと思うんです」

塚原は、自分の活躍だけでなく、チームの中で自らが果たすべき役割までも意識するようになった、というわけです。

果たして、有田はぐんぐんスクラムが強くなり、シーズン終わりの全国大学選手権で大活躍。しかし、決勝戦の最後の10分、有田は反則で退場となってしまったのです。

そこに、交替で出たのが塚原でした。塚原は、最後の最後、国立競技場の大舞台で、ライバルとして先輩として堂々とプレーしたのです。そして彼の持ち得るすべての実力を発揮しました。チームの優勝とともに、その塚原の活躍は、私にとって忘れ得ない喜びの瞬間となりました。

ゴールに到達するには、「突き落とす」ことが必要だった

「頑張れ」という優しい言葉だけでは奮起しない人もいます。いわゆる「目の前のニンジン」や「アメ」が機能しないことがあるのです。塚原の場合がそうでした。

そもそも本来はまじめな選手でした。

新しいシーズンが始まるその地点から、「本来の彼を取り戻し活躍する」というゴールの地点の間にどんなストーリーが必要か。私は必死に考えました。その結果が、「どん底に突き落とす」という選択でした。塚原は、きっと奮起してくれるに違いない、と。

厳しく退寮を命じたのと同時に、彼に伝えたことがあります。

指導陣全員が、これまでの塚原の態度に対する色眼鏡を捨てる、ということ。

そして、シーズンの変わり目で、入ってくる1年生は誰も塚原のことを知らない。だからこそ、変わるチャンスである、ということ。

その後の塚原の活躍は彼の頑張りのたまものですが、私は彼が変わる「退寮」というわかりやすい「きっかけ」を作り、彼をそれまでの連続感から断ち切って、ゼロリセットを演出する役割を果たしたのです。


もし、私が本来のまじめな塚原を知らなかったらどうしていたでしょうか。それは、私にもわかりません。ただ、面談や他の選手やコーチからの情報収集によって、本来の姿が明らかになったのではないか、結果的には同じ対応をしたのではないか、と思います。

CASE❷ すべてのレベルが低い人のゴールをどう設定するか

「全部ダメ」という欠点を裏返した成長戦略
内村龍太郎の場合——

「成長量日本一」というゴールの発想の転換

内村龍太郎が入部してきたとき、私は驚きを隠せませんでした。プレーはとことん下手。足も遅い。体が小さい。ラグビープレーヤーとしては、「いいとこなし」です。本人も、「ほんと、全部ダメなんです」と言い切るくらい。伝統ある早稲田のラグビー部で、とても活躍できるとは思いませんでした。それでも本人は「頑張りたい」と言います。

このような選手へのゴール設定は、本当に迷います。

これくらいできない選手になると、一番下の5軍から上への昇格を目指そう、というのも非現実的のように思えました。

考え抜いた結果、私が内村と共有したゴールは、次の通りです。

「全部ダメっていう事実を今、持っているのはおまえだけだ。つまり、何をやっても伸びるってことだよ。だから、『1年間の成長量日本一』のラグビー選手になろう」

「パスができる」「100メートル走るのを1秒速くする」というような、ある「地点」を目指すゴールではなく、1年間の成長の量を目標にしよう、という発想の転換です。


もちろん、やみくもに「成長しよう」と言っても、それは無理です。しかし彼は論理的にモノを考えるし、もともと頭がいい。そして、くじけない努力家。学ぶ意欲と、自らの行動を振り返り次につなげる力がある。

そんな内村のこのスタイルを貫き、彼を成長させるストーリーは、「食事管理とウェイトトレーニングで、まずは体を大きくし、身体能力を上げていくこと」「目立つようなビッグプレーを目指すのではなく、絶対にミスをしないように練習を重ねること」でした。


同時に、私は内村とあるシナリオを共有していました。

「多分、そう簡単には成長しない。だから、チームのみんなからバカにされることもあるかもしれない。でも気にするな。成長していることに気付いてくれなくても、がっかりするなよ」

頑張れば頑張るほど、人は他者からの評価を期待しますし、それがかなわなければ傷つきます。その期待値調整をしておき、さらに、彼がくじけないようにしなければなりませんでした。私は内村に言い聞かせました。

「いつか、ケガ人が出て、試合に出るチャンスが来る。そこで絶対にミスしないように、頑張れ。いいところを見せよう」

いかに視点を変えてゴールを見つけるか

そして、内村の成長を目指す日々が始まりました。

体を大きくするために、何をどれくらい食べればいいのか。そしてどれだけトレーニングすればいいのか。栄養学を学び、自ら調べ、理解し、それを行動につなげました。

トレーニングルームをのぞくと、いつもそこには内村がいました。彼が必死に動かすマシンの重さは、他の選手がウォーミングアップする程度にすぎません。それでも毎日続けることで、確実に体は大きくなっていきました。

案の定、最初は練習中ですら他の選手のため息を誘いました。5軍の中でも圧倒的に下手で、練習試合で内村のポジションの選手にケガ人が出ても、皆、内村よりは違うポジションの選手を出場させたほうがマシ、と思っているくらいでした。

しかし、数カ月後、夏を過ぎた頃、内村に徐々に変化が表れました。確かにまったく下手なことには変わりないけれども、形にはなってきたのです。そして、ふと私は気付きました。内村は、確かにミスをしないのです。すごいプレーができても、意外とミスが多い選手がいるにもかかわらず。

残念ながら、彼の成長に気付く選手はそれほど多くありませんでした。もともと、内村のことなど誰も注目していない。だから、気付くわけがないのです。

練習や試合の後、いつもビデオ編集をし、それをコーチや選手たちと見ながら振り返りのミーティングをします。あるとき、「内村版」を特別編集して、皆に見せました。

その中で、内村は10回程度、ボールを受けてはパスをする、というプレーを繰り返していました。そして、彼は一度もそれをミスすることなく、一連のプレーをやり遂げたのです。

「あの内村が……」

それは、他の選手にとって驚きでした。

私がなぜ、他の選手に内村の成長を見せたかったのか。

「全然ダメでも、努力することでこれだけ成長するヤツがいる」

その事実を皆に提示し、刺激にしたかったし、同時に内村の成長を皆の前で称えたい気持ちもありました。

「試合に出るチャンスが来たら、いいところを見せよう」

そのシナリオが成功し、皆の評価を得たことを彼が実感する瞬間を作りたかったのです。

期待をかけるとき、強みの中からゴールを探すのは基本です。ただし、内村のようになかなか強みが見えない人も中にはいるでしょう。

そんなとき、期待をかける側の役割は、「いかに視点を変えてゴールを見つけるか」なのです。

内村と共有したゴールは、何か一つパフォーマンスを挙げることではなく、「成長の量」でした。一つの強みではなく、彼の「頭がいい努力家」というスタイルに光を当てたというわけです。

その後、内村は劇的にうまくなることはなかったけれど着実に努力を続け、3軍に昇格したこともあったほど成長を続けました。それは他者比較ではなく、あくまで、彼の中の物差しでの成長です。誰かと競争しなくても、自分との戦いを続け、成長できるのは、内村のようなスタイルであってこそです。

彼は社会に出てもいい仕事をするに違いない。

内村を見るたび、そう思います。

CASE❸ 一見、得意なことがわからない人のスタイルをどう見いだすか

武田佳明の場合――場面を切り取ることで、強烈なスタイルが見える

ピンチとチャンスへの嗅覚の鋭さに注目

期待をかける側がどのように視点を変え、ゴールを見つけて成長に導くか、という例をもう一つご紹介します。

フランカーというポジションがあります。かく言う私がそうだったのですが、このポジションはこれといって得意なことがなく、足が速いわけでもない、体もそれほど大きくない、という選手が集まりがちです。人数も最も多く、学生と個別に面談をしてもスタイルが見えてこないのが悩みでした。いかにスタイルを見つけるか。あるいは、なければ生み出すか。それが選手育成のポイントになっていました。

新入生として入部してきた武田佳明のポジションはフランカー。例にもれず、得意なことが見えにくい選手の一人でした。

個人面談の中で、私は武田に言いました。

「4年生の成田って覚えてる？　おまえと、タイプが似ているんだよね」

なぜなら、個人面談を控えたある日、しばらく武田の練習風景を注視していたとき、ふと気付いたことがあったからです。

当時4年生だった成田翔は体も小さく、何かが突出してできるわけではありませんでした。さらに、センスがいいわけでもない。しかし、成田のピンチとチャンスに対する嗅覚は、誰にも負けない鋭さを持っていたのです。それを本人がスタイルとして自覚し、確立することで必ず成長できる、と確信しました。

「おまえは、練習でも試合でも、ゲームの流れが切り替わる瞬間に必ずそこにいる。だから、ゲームの風向きを変え、勝利に導く力を持っているんだ。大差で負けるときには活躍できないけれど、接戦では必ず力を発揮する。それがおまえのスタイルだと思うんだよね」

そう私が指摘した瞬間まで、このスタイルは成田にとって自覚的なものではなかったようです。ただ、自分の試合や練習を振り返ってみると、活躍できたのはピンチやチャンスを決する大切な瞬間だったと気付いたのです。

その瞬間から、成田の成長は加速しました。相手のミスに気付き、こぼれ球を上手に拾って、味方をチャンスに導いたのです。当初、4軍だった成田は、最終的には2軍に入り、レギュラーポジションを狙えるところまでいきました。

ある瞬間、ある場面を切り取ると、強烈なスタイルが見えてくる

そんな成田の姿と、武田が重なったのです。私は武田に言いました。

「おまえもピンチとチャンスに強い。その自覚を持って練習を積み重ねてみよう」

そして武田は成田と同様、勝負どころで必ず絡む選手に成長しました。下級生の時点から、2軍の公式戦であるジュニア選手権でも大活躍したくらいでした。

普段の姿は凡庸で、強みも個性も見えないかもしれません。でも、ある瞬間、ある場面を切り取ると強烈なスタイルを持っている人は少なくありません。

会議でいつも結論に導く大事な一言を発する。
落ち込んでいる人に言葉をかけ、引き上げる力がある。
トラブルが起こったとき、その対処が迅速で適切。

前項の内村のケースは、「成長」という視点で彼を見ました。成田や武田は、ある瞬間の場面を切り取りました。

その人の成功や失敗の瞬間に、スタイルが見えることもあります。

どちらかといえば、24時間、誰に対しても個性を発揮し続けている人のほうが少ないかもしれません。

だからこそ、期待をかける側がスタイルを見出す視点をいくつ持っているかによって、期待をかける相手の成長はかなり左右されるのではないかと思います。

早稲田のラグビー蹴球部の場合、選手は約130人。いつもいつも一人の選手を注視しているわけにはいきません。しかし、「武田ってどんなやつだろう」と考えたとき、ぱっと頭に思い浮かぶシーンが出てきたものでした。そして、彼の嗅覚をもってすれば、試合の流れを変えるゲームメーカーになり得ることが、瞬時にイメージできたのです。

そんなイメージを結ぶには、一人ひとりをきちんと見よう、育てようという思いと態度の積み重ねが必要なのだと思います。そう、やはり、期待のマネジメントは個別のプロジェクトなのです。

もう一つ、武田に強調したことがあります。それは「成田を目指そう」というだけではないことでした。

「おまえのすごいところは、1年生から既にピンチとチャンスの嗅覚を持っていることだ。もっとすごくなれる」

単にロールモデルを設定して、「あいつのようになろう」というのは、とても乱暴です。いくら似ていても、やはり、人それぞれです。私は、武田には成田よりも、もっとスピード感を持って成長してほしかった。だから、より高い目標、より速いストーリーを彼とともに描いたのです。

CASE❹

「昔はできるヤツだった」をもう一度、どう伸ばすか

清水直志の場合——

過去の栄光で覆い隠した本来の強みに気付かせる

プレーが思うようにできない自分と向き合えない

以前の輝いていた自分がちらつくばかりに、現実と向き合えず、それが成長を阻害していることがあります。清水直志がそうでした。

清水は、高校で既に日本代表となり、鳴り物入りで入部してきました。入部当初から1軍、2軍に入り、最初の面談では「高校時代のようにガンガン行きたい。足も速いから、それも活かしたい」というように、自信満々に語っていました。

しかし、なぜかなかなか伸びない。

2年生まではレギュラーに絡む2軍にかろうじていましたが、3年生では3軍、そして、

4年生になったときにはついに4軍まで降格していたのです。

彼のポジションは「ナンバーエイト」。フォワードのリーダー的役割であり、いわゆる「花形」。スクラムでかき出されたボールを持って、敵、味方が密集する中を突破していくことが求められます。しかし、彼は試合でボールを持つたび、ミスをしました。そのポジションとして、いい仕事ができているとは言えなかったのです。

そして、3年生で普通に就職活動を始め、大手企業に内定を獲得。彼はラグビー人生ではなく、普通のビジネスパーソンとしての人生を歩もうと準備を進めていました。

高校生のとき日本代表だった彼は、過去の栄光とプライドに引きずられ、4軍まで降格し、プレーが思うようにできない自分と向き合うことができなかったのだと思います。

それでも、やはりラグビーをあきらめきれなかったのでしょう。4年生の春、4軍でスタートした彼は、面談で「何でもいいから、レギュラーで出たい」と私に言いました。そして、私は彼に「ポジション変更したらどうか」と勧めたのです。

清水がレギュラーになりたいと言わなかったとしても、もともと私にはそんな心づもりがありました。変更する先は「ロック」。

ナンバーエイトは器用さが求められるポジションです。清水は実は、あまり器用じゃなかった。彼を見ている限り、周囲のあらゆる人に目を光らせ、複雑な状況を判断しながらプレーするより、愚直に役割を貫き、がむしゃらに人に当たっていくロックのほうが向いているのでは、と私は考えていました。

さらに、体格の大きな選手が少ない早稲田ラグビー部では、比較的、ロックというポジションは層が薄かったのです。となると、ロックとして力を付ければ、上に上がっていく可能性は高いですし、チームの勝利を考えても、ロックが育つことはとても大切なことでした。

競争の激しいポジションにいるよりは、少しでも人数が少ないほうが、活躍できる可能性は高い。

このような環境要因を考慮して、ストーリーを描くことがあります。

環境要因は、追い風になるものも、逆風になるものも、ゴールまでの間に横たわっています。上へ向かっているエスカレーターで昇るのはラクですが、下に向かっているエスカレーターを昇るのは必要以上の努力が必要です。本人のスタイルとのバランスを見ながら、環境要因を考慮したストーリー作りが求められます。

さらに、清水には「時間」という制約もありました。4年生である彼には、後1年しか時間がなかった。そして「何が何でもレギュラーとして出たい」と言う。だとすれば、1年間で何ができるのか、ということを考えるしかないのです。

過去の延長線上で伸び悩んでいたら、その適性を疑う

ポジション変更の提案に、清水は一瞬、躊躇しました。ロックへの適性が疑わしいと思ったからでした。ロックはボールを空中で奪い合うことがあるため、チームの中では背の高い選手が担うのが普通です。清水は、それほど背が高くなかったのです。

そんな反応を、私は予測していました。だからあらかじめ、私は他大学で似た体型の選手がロックとして活躍している例を調べておいたのです。

「足も速いし、おまえと似ている。だから、おまえも大丈夫だよ」

その言葉に彼はうなずき、ついには「頑張ってみます」と言ってくれました。

「ケガをしないこと。そして、焦らないこと。1週間に一つずつステップを昇るような気持ちで頑張れ」

それが、私が彼に伝えたストーリーでした。

すると、清水の頑張りはもちろん、ケガ人が出たこともあって、あれよあれよという間に彼はレギュラーに昇格していました。ひたすら体を当て、献身的にプレーする。今までのプレースタイルを捨て、そこにこだわったことが功を奏したのです。

指が折れてもテーピングをして出場し続け、最後までレギュラーポジションを離しませんでした。


彼のケースから学べることは、過去に輝いていた経験がある人ほど、そこで機能していた強み、スキルにこだわり、本来の姿を見失っていることがあるということです。「過去の自分」という呪縛から離れられずにいる人は、決して少なくありません。

もし、期待をかける相手が過去の延長線上で伸び悩んでいるのならば、期待をかける側は「本当の彼の強みは、そこにはないのではないか」という疑いを持って、期待をかける相手を冷静に見つめ直すことが欠かせないのです。

レギュラーとして活躍したことで、清水のラグビーへの欲求は再び高まりました。そして3年生で獲得した内定先を蹴って、ラグビー選手として新たな就職先を見つけました。

さらなるポジション変更を経た現在も、フランカーとして社会人ラグビー部で活躍し続けています。

CASE❺

大きく、無謀な夢を持っている人にどう向き合うか

清水智文の場合——限られた時間の中で持ち味を発揮し、到達できるゴールを設定する

到達できそうにない無謀な夢は持つな

期待をかける相手が大きな夢を持っているならば、それを支援してやりたい。

それは期待をかける側の「親心」です。しかし、それが有効に機能する場合と、そうでない場合があるのを理解しておくべきでしょう。

私の基本的なスタンスは「到達できそうにない無謀な夢は持つな」

それは、これまで書いてきた「ＶＳＳ」の「Ｖ＝ヴィジョン」と夢を明確に切り分けているからです。

夢とは、そもそもふわふわしていて、今の自分、自分が置かれている現実とつながっていない「願望」と定義しています。

一方、ヴィジョンとは、現在の地点からストーリーを描けば、必ず到達できるゴールです。

たとえば、体力もテクニックもセンスも足りないラグビー選手がいきなり日本代表を目指す。これはまさに夢です。この夢を追い続けると、むしろ本人が不幸になる可能性があります。

けれども、彼が大学に入ってレギュラー選手となり、試合に出ることを目指すのは、努力次第で実現可能性が充分にある、夢ではなくヴィジョンです。

「夢」という言葉には「かなわなくても仕方がない」というニュアンスがあります。多くの人は無意識にそのように思ってしまいます。

しかし、現実的なストーリーに裏打ちされたヴィジョンであれば、「かなえるべきゴール」というニュアンスが強くなります。

「今」と「ゴール」をストーリーで結びつけるVSSは、いわば向かう先が「夢」なのか

「ヴィジョン」なのかを見極める道具とも言えます。

現実的なストーリーが描けない時点で、目指そうとしているゴールは、実現が困難な夢である可能性が高い、というわけです。

一流にも三流にも、それぞれ輝き方・育て方がある

私がかかわってきた選手の「無謀な夢」の代表例は、「三流の選手が、一流選手が描くようなゴールを設定する」というものです。

一流、二流、三流と、いろいろな表現がありますが、私に言わせれば、一流以外は、まあ同じようなもの、つまり「普通」です。スポーツをやっていた方はわかると思いますが、努力だけではどうにも超えられない一流の領域というのが必ず存在します。

少し抽象的になりますが、ビジネスでも、学問でも、芸術でも、その領域においてのセンスを生まれ持っていること。それが一流の基準なのです。

私は、問題はその人が一流なのか、三流なのか、ということではないと思っています。

一流には一流の育て方がある。輝き方がある。到達できるゴールがある。
三流には三流の育て方がある。輝き方がある。到達できるゴールがある。

一流なのに三流と同じ育て方をしたら……。三流なのに一流のようなゴールを夢に描いたら……。いずれも機能不全を起こすのです。

早稲田のラグビー蹴球部は、スポーツ推薦枠が少ないこともあって、一流の選手よりもむしろ、三流の選手のほうが多く集まっていました。

彼らに無謀な夢を持たせることは、4年間という短い時間の中においては、彼らの成長を妨げることになりかねません。三流ならば三流として、徹底的に三流らしさを貫かせようとしてきました。

そして、三流としての彼らの個性の発揮なしには、早稲田の勝利は成し得なかったと思うのです。

「持ち味を活かして、最も輝く三流になれ」

前置きが長くなりましたが、そんなふうに「輝ける三流」として勝利に貢献した清水智文の例をお話ししましょう。

清水は、4年生のスクラムハーフというポジションの選手でした。スクラムハーフとは、スクラムによってかき出されたボールをパスでつなぐのが主な役割です。

清水は、ラグビーのプレーヤーとしてそれほどレベルが高いわけではありませんでした。1年生で入部した時点では5軍。しかし、負けず嫌いを背景にした並外れた根性によって、彼は2年生では4軍、3年生では3軍、そして、4年生ではついに2軍まで上がってきたのです。

チームのために体を張り、大きな声を上げてはチームを鼓舞するそのスタイルから、仲間の信頼も厚い選手でした。

そんな清水との、4年生の最初の面談でのことです。

彼のヴィジョンを聞くと、

「速くて長いパスができて、状況判断に優れ、ピンチを救い、チャンスをものにできる選手になりたいんです。たとえば僕の地元の先輩、堀越さんのような」

というのです。

私はしばらく、言葉が出ませんでした。そこまでできるスクラムハーフはほとんどいないし、まさか堀越正己選手の名前が出てくるとは……。堀越選手とは早稲田出身の元日本代表で、日本ラグビー界が生んだ名スクラムハーフの一人、つまり、一流の中の一流の選手です。清水は自分が置かれている現実と、彼が目指すゴールとの距離感を、完全に見誤っていたのです。

「清水、本当にそんなスクラムハーフになろうと思っているのか、よく考えてごらん」

その言葉に最初はぴんとこなかった清水も、やがて気付きました。

「……すみません、僕は僕じゃない人間になろうとしていたみたいです。華麗なプレーはできないけれど、自分の持ち味である運動量と、ひたむきさで勝負していきます」

彼は、才能とセンスあふれる一流ではありませんでした。だからこそ、残酷なようですが、私は彼が描いた無謀な夢よりは、彼の持ち味を発揮できる支援をしようと思ったのです。

「理想的なスクラムハーフになりたいのは理解できる。でも、4年生の今、あと1年しかない状態だ。今まで自分の持ち味を生かして2軍まで頑張って上がってきたのに、ここでまったく違うスタイルに転換したら、築き上げてきたすべてを失うことになる。一流は目指さなくていい。おまえの持ち味を今まで通り生かして、最も輝く三流になろう」

その後の清水には、もう迷いはありませんでした。

自分の個性にプライドを持ち、輝く三流になるという目標を貫いて、最終的にはレギュラーとして公式戦に出場するまでに成長しました。彼が堀越選手のようなスクラムハーフを目指していたら、それはかなわなかったでしょう。

一流は才能とセンスという生まれながらの個性を持ち、それ以外の人たちはピカピカの才能ではないけれど、他の人には替えがたい個性を何か必ず持っている。

それに気付き、磨けばその人のゆるぎないスタイルになり得ます。

たとえ三流だとしても、スタイルを確立し、それを発揮し続ければ、一流よりもずっと輝くことがあるという好例です。

どんなに優れた才能もセンスも、発揮されなければ意味がありません。

清水の場合、どんな逆境に置かれても、彼のスタイルはぶれることなく発揮されました。それが、彼が最終的には1軍でプレーできた理由だと思うのです。

無謀な夢も、本人の頑張りと時間によって実現することがある

ただし、無謀そうに見える夢でも、期待をかける側が安易に打ち砕いてはいけないと再認識したニュースが、この本を執筆している途中で飛び込んできました。それは私にとって驚くべきニュースであると同時に、とても喜ばしいものでした。

ラグビー極めたさに5年生まで留年して早稲田に残り、卒業後は、トップリーグという社会人リーグに入った三井大祐選手が、一時ではありますが、日本代表候補に入ったのです。

トップリーグに入るほどの技量はあったものの、早稲田にいた当時は日本代表候補など、夢のまた夢といっていい選手でした。しかし、その夢のまた夢は三井の頑張りによってかなったのです。

清水の例と、三井の例の違いは何でしょうか。

最も大きな違いは、ゴールまでの「時間」です。清水の場合は、1年間という限られた時間の中で彼がどれだけ成長できるかによって、レギュラーという晴れ舞台に乗れるかどうかが、かかっていました。

しかし、三井の場合はその限りではありません。現役選手として許される時間はそれほど長くはないものの、学生のような明確な区切りはなく、ある程度長い時間軸の中でゴールを設定することができます。つまり、描けるストーリーの自由度が上がるのです。

期待をかける側は、許された時間も勘案し、ゴールの設定をしていかなければならないと、あらためて考えさせられたエピソードです。

CASE❻ 一流の選手をいかにつぶさず、育てるか

「態度」への期待で人を型にはめない
山中亮平の場合――

社会的常識を期待することで、「出る杭」が打たれる

前の例とは反対の例になりますが、一流は一流として育てなければなりません。しかし、日本の社会においては一流を育てるテクニックが圧倒的に足りず、ともすると「出る杭」が打たれてしまっています。

協調性や横並びを重視するから、人材の平均点は高い。しかし、それが一流の人材を育てることを阻む要因になっている可能性は少なくありません。

横並び主義は下を引き上げるのと同時に、上が伸びるのを押しとどめる圧力になり得るからです。

山中亮平は、中学、高校、大学を通じて大活躍した、誰もが認める一流の逸材です。試合中、たとえミスをしても、それを忘れさせるほどの見事なプレーを連発して勝利に導きます。

しかし、一流の選手には往々にして見受けられるように、周囲の反応をあまり気にすることなく、自分が思ったことをハッキリ言うタイプの選手でもあります。自分ができるところはできる、人ができていないところも指摘するなど、メディアでとがった発言をする一流選手は、とかく「謙虚ではない」と言って批判されがちです。山中もまさに、そんな選手でした。

山中が大学3年になった、ある日のこと。VSSをすり合わせるための面談で、私は当然のように、山中の自信に満ちた発言を待ち受けていました。

ところが、です。

「去年、一昨年と、1、2年生の頃は先輩たちのおかげで、レギュラーとして活躍し、優勝することできました。試合中もあまり深く考えず、直感に頼ったプレーで乗り切ってきたように思います。だから、試合中、ミスも多かった。ほんと、好き勝手にやってきましたが、もう上級生になったのだから自覚が必要だと思っています。個人練習の量も増やし、安定したプレーができるようになりたいです。早稲田に来たからには人間的にも成長しなければ」

多くの指導者は、この控えめな発言に「ついに山中も上級生になり、謙虚になった。成長したな」と思うかもしれません。

しかし、私が持ったのは違和感でした。

心からそう言っているのか。私が何度もそう問いただすと、山中はついに本音を語り始めました。

「本当は、俺、観客をワクワクさせるようなプレーをしたいんですよ。もちろん、ミスはダメだけど、安定したプレーだけなんて、つまんないですよ。たとえときどきミスしてもビッグプレーを連発して、ああ、やっぱりあいつのおかげで勝ったと言われたい。それが本心です」

さて、なぜ山中の「本音」と「建前」はこれほどまでにズレてしまったのでしょうか。

もう時効だと思うので書いてしまいますが、誰にも言わないという約束で、経緯を聞き出しました。

「実は、僕もいろんな人にイヤなことを言われるんです。たくさんビッグプレーをしても、一つ、二つのミスを責められるし、僕の活躍で勝ったとしても、あいつは調子に乗ってるって声が、どこからともなく聞こえてくる。もちろん、僕のミスで迷惑をかけることもあるけれど、最近、コーチからもすごく責められる。だからおとなしくしたほうがいいかと思って……」

一流選手は、勝ちたいという気持ちに貪欲

これは、このようにして「一流の二流化」は起こる、という典型的な例です。

謙虚さを過剰に評価する日本人の物差しで測ると、山中はあまりにモノをハッキリ言うし、自信を押し隠そうとはしないので、「規格外」というわけです。

しかし、彼のような逸材に謙虚さを期待すると、どんなことが起こるでしょうか。自分らしくない態度を押し付けられることで、そればかりが気になって、一流のプレーも同時に封印されてしまいかねません。

山中の場合、彼のハッキリした物言いや態度は、その真っ直ぐさに起因したものです。たとえば、コーチが彼のプレーに対して何か指摘したとき、納得がいかなければそれに反論します。山中が自分のプレーに誰よりも強い信念を持ち、それを素直に表現するから批判されがちなのです。そして、その信念がプレーの質を高めていく原動力の一つであることは、言うまでもありません。

私は逆に、「返事がよくて素直」なタイプには、懐疑的です。

何か注意したとき、こちらが話し終わる前に「すみません、はい、わかりました！」と言う。返事がいいので指導陣は「わかってくれたんだな」と安心しますが、また次に同じことを繰り返す。そんな選手が実際にいました。

言い終わる前に「すみません」というくらいですから、クセのように言っているだけで、実際にはその注意は耳に入っていませんし、心にも残っていません。こういうタイプは、成長もないのです。

それに比べたら山中のように、どんな相手にでも言いたいことをはっきり言うタイプは、少なくとも自分の耳に一度は入れ、それに納得がいくかどうか咀嚼している。

その証拠に、「自分が間違っていた」と理解すれば、ちゃんと修正します。いいプレーをしたい、勝ちたいという思いに極めて貪欲なだけなのです。

だとすれば、山中らしさを封印したら、単に黙って従うだけの選手になる。それは、いいプレーや勝利に対するこだわりをなくすのと同じことです。

山中だけに限った話ではありません。一流の才能を持った人が、往々にして臆せずモノをハッキリ言うのは、彼らが自分のスタイルに忠実で、ゴールの達成にこだわりを持っているからではないでしょうか。

謙虚でないというような批判で、逸材をつぶすような社会通念を変えていくべきだと思うのです。

一流の選手は、プレーの幅を広げることが先決

話を元に戻しましょう。

私は山中に「自分のスタイルを貫くなら、腹をくくろう」と言いました。

「一流だからこそ、あれこれ言われるんだ。一流は、雑音に負けず頑張り続けるしかないんだ。人からの中傷ややっかみが怖いなら、自分の持ち味を変えるしかないよね。二流の道を歩むことになってしまうけれど」

その瞬間、山中の表情は変わりました。

「とにかく『すごい』と言われるプレーをすることに集中します」

そう彼は覚悟を決めました。

それを境に、直感型のパフォーマンスを軸とした、真っ直ぐな彼のスタイルには磨きがかかったようでした。そして、そのぶん活躍もしました。ついに学生でありながら、日本代表に選ばれるという快挙を成し遂げたのです。

この話を、「期待」の文脈で整理してみましょう。

指導陣が本来期待すべきは、山中の高いパフォーマンスであり、よりすごいプレーヤーへの成長です。ゴールはそこにあるのです。

しかし、彼のスタイルをある意味否定し、修正を試みるのは、人や物事への態度を期待していることになります。残念ながらこの態度への期待が、一流のゴール達成を阻むことになっていることに多くの人は気付きません。

日本の社会では、態度に重きを置いて、どうしても人を枠にはめようとする。それが「出る杭」が伸びない大きな原因ではないでしょうか。

CASE7 強いリーダーを育てたい

「リーダーらしく」という「引力」から解放する

豊田将万《まさかず》の場合——

皆の反対を押し切って選んだ「暴れん坊のキャプテン」

人に期待するとき、期待をかける側が一般の価値観や自らの経験に根ざした「○○らしさ」を、期待をかける相手に押し付けていることがある、と前述しました。それによって、本当の「その人らしさ」を見失い、スタイルを発揮できずに苦しめることがあります。

監督就任3年め、2008年度のシーズンのキャプテン、豊田将万がまさにそうでした。毎年、その年のチームの大きな方針となるスローガンを決めます。この年のスローガンは、「ダイナミック・チャレンジ」。

前年度、早稲田は優勝。しかし、前年度のチームのあり方を変え、新たな挑戦をしない限り、その年の優勝はあり得ない。大胆な破壊と創造。そんな思いを込めたスローガンでした。

そのスローガン通り、さまざまなチャレンジをした年でしたが、豊田のキャプテンへの起用は、その最たるものでした。

豊田は1年生からレギュラーとして活躍してきた、とても優秀な選手でした。一方で、世間が期待する理想のリーダー像とは対極にあると言っても、過言ではありません。ワガママで、チームの和を乱す。勝手なプレーや発言、行動で周囲の怒りを買う。そんなタイプだったのです。

ですから私が彼をキャプテンに推したとき、メディア、OB、ファンから一斉に「豊田で大丈夫なのか?」という声があがりました。

しかし、スローガンとチームを率いるキャプテンの人物像が一致しなければ、スローガンは機能しません。保守的なキャプテンに「チャレンジングな戦術を考え、実行せよ」と言っても無理があるし、たとえそれができたとしても、他のメンバーが「あの保守的なキャプテンがそう言っても」と、本気になれません。

そういう意味では、豊田の人格はスローガンにピッタリだったし、豊田の起用は選手たちに「本気で今年はチャレンジをするんだ」という方針を浸透させるにはもってこいの選択だったのです。

私の信念は、揺らぐことはありませんでしたが、豊田にもあらかじめシナリオを伝えておきました。

「外野の声を気にすることはないよ。何を言われても豊田らしくあれ、だ。キャプテンらしく、なんてことは考えなくていい。豊田らしさを貫けば、今年は勝てる」と。

豊田も私の信念を充分に理解し、既存の枠にとらわれない主将になる、と誓ってくれました。

それが豊田と私がすり合わせた、ＶＳＳでした。

シーズン当初は、私の期待に豊田は応えてくれ、彼のスタイルを貫いていました。

春のシーズンの最後、フランスの学生代表との交流試合。あろうことか彼は相手の頭をスパイクで蹴って、キャプテンながらレッドカードで退場、という失態を演じました。

実は相手が審判に見えないところで反則を重ね、腹にすえかねたという事情があったのですが、キャプテンは本来、熱を帯びて一触即発という空気をたしなめる役割を担います。ですから、本当にあり得ないことなのです。

さすがにこれは大問題となりました。「キャプテンをクビに」という意見すらありました。しかし、私はキャプテンを変えませんでした。

「確かに蹴ったのは悪い。きちんと謝罪と反省はすべきだ。でも、このままキャプテンでいてほしい。そしてこの逆風の中、最後には優勝という形に持っていこう。スタイルも変えるな。おとなしくなるな。おまえはおまえらしく、だよ」

そう豊田にクギを刺したのです。

敗戦をきっかけに、「キャプテンらしい」という引力に負けた

豊田は反省しつつも、彼のスタイルは変えませんでした。春が終わり、夏が過ぎても、練習試合でレフリーや相手チームの選手に暴言を吐くその態度は変わりません。当然クレームの嵐でしたが、チームは絶好調。フランスとの練習試合に負けた以外は、無敗が続き

ました。

ところが、秋のシーズンが始まり、全国大学選手権の予選でもある関東大学ラグビー対抗戦で、帝京大学に手痛い負けを喫しました。早稲田が対抗戦で積み上げてきた連勝記録は47でストップ。行きすぎたダイナミック・チャレンジが、その負けの主たる原因でした。勝利というゴールのためのスローガンにもかかわらず、スローガンが目的化し、ゴールを見失っていたのでしょう。

次に活かせばいい。私はすぐに気持ちを切り替えたのですが、選手たちのショックは、そう簡単にぬぐえるものではありませんでした。

最もダメージが大きかったのは、豊田です。彼は私との約束を忘れ、急にキャプテンらしく振る舞い始めたのです。

「何か悩みはないか」「みんなで話し合おう」

そんなことを言う豊田は、それまで暴言を吐き続けていた姿からすれば、180度の「大変身」。なんだか気味が悪いくらいでした。

手痛い1敗を喫し、自らの責任を感じた豊田は、自分らしさを捨て、キャプテンらしく振る舞うという「引力」に引っ張られていったのでしょう。

この豊田の変貌が招いたもの。それは、チームの不調でした。皮肉なことに、豊田へのメディア、OB、ファンからの評価は上がったのですが……。

キャプテンらしさは、彼からプレーへの闘志を奪い、彼のプレーまで変えてしまったのです。帝京大学に負けるまではほとんど無敗だったチームは、その年弱いと言われ続けた明治大学を相手に再び負けを喫し、崖っぷちに立たされました。

そして、迎えたのは毎年、その優勝を目標にする全国大学選手権です。対抗戦とは異なり、全国大学選手権はトーナメント戦で、一度負けたらそのシーズンは終わり。対するのは、強豪・関東学院大学。このままシーズンが終わってしまうかもしれないという危機感が、チームに漂っていました。

そんな中、暗い顔で豊田が「監督部屋」にやってきました。

暴れん坊に逆戻り。すると、チームは……

「中竹さん、僕らしさって、何ですか？」

私は、豊田のこの言葉を待っていました。

彼のスタイルとは何か、その重要性に自ら気付いてほしかったからです。私は彼に、自らを振り返るように促しました。

「確かに春や夏シーズンは僕はひどいキャプテンだった。暴言は吐くし、退場にもなった。でも、チームはほとんど負け知らずで、勢いがあった。一方、今の僕はいいキャプテンになろうとしていますが、僕らしくない。そして、チームもどんどん弱くなっている……」

ここまで振り返り、豊田は気付きました。自らの自由奔放なめちゃくちゃぶりが、チームの強さを支えていた、ということを。

最初にシナリオに描いていた通り、彼が彼であることこそが、チームのダイナミック・チャレンジの象徴だったのです。

彼の顔が、ぱっと明るく変わりました。

「じゃあ、前のようにめちゃくちゃやっていいんですね。明日からすぐにやります！」

そして、翌日から何事もなかったように、「暴れん坊のキャプテン」に逆戻りです。これが、豊田らしいところでもありました。

みんな面喰らっていましたが、それでもチームは再び、活力を取り戻し始めました。

暴言を吐き、反則すらするキャプテンを支え、チームをまとめる役割、サインを出す役割などそもそもキャプテンが担う役割を、他の得意な選手が豊田から奪い取り……という自律的なチームとして動き出したのです。

この年、対抗戦で2敗を喫しながら、全国大学選手権で優勝するという前代未聞の快挙を成し遂げました。

逆境でこそ、スタイルを貫く勇気を

のちに豊田に突然変身を遂げた理由を聞いたところ、帝京戦での敗戦の後、多方面からのバッシングをそのまま受け止め、彼なりに反省したとのことでした。

歴代のキャプテンに電話をして話を聞いたり、リーダーシップの本を読んだり。本来きまじめな豊田は、それを一つひとつ実践したというのです。

暴れん坊の豊田。私とシーズンの最初に「豊田らしさを貫く」というストーリーを共有していてすら、「リーダーらしさ」という強力な引力に立ち向かうことができず、結果、ムダな期待に応えようとしていた、ということです。

特に、人は自信をなくしたり、スランプに陥ったりしたとき、その役割、役職らしさに頼ることが多いようです。そのほうが、失敗したときにも、「リーダーらしくやった」という、ある意味、納得感のある逃げができます。

つまり、「ラク」なのです。

逆に言えば、逆境のときに自らのスタイルを貫くのは本当に大変です。うまくいかなかったときに、それはすべて自分の責任になりますから。

でも、本当に納得がいくのは、どちらでしょうか。

そして、ゴールに近づくのはどちらでしょうか。

スタイルという最大の武器を持って、挑んでいく。そのほうがストレスもプレッシャーも少ないのですから、最大限、持てる力を発揮でき、圧倒的にゴールを達成する確率は上がります。

たとえそれがうまくいかなかったとしても、やりきったという満足感を得られるのではないでしょうか。

だからこそ、どんなときでもスタイルを貫く勇気を持ってほしいし、そして、期待をかける相手の自分らしさを貫かせる勇気を持ってほしいと思います。

CASE❽ 挫折から脱してほしい

気休めではない、スタイルに合った期待がV字回復の原動力に

安福宜孝の場合――

抜きん出た努力家。レギュラーを前に大ケガ……

あきらめや挫折も、人生には付きものです。それは自らの努力ではどうにもならない要因で訪れることがあります。

そんなとき、慰めは慰めでしかありません。

一時の心の安らぎにはなるかもしれませんが、歩むべき道筋を示したり、可能性を広げたり、というような「回復」には意味をなさないことが少なくありません。

正しい期待は、慰めが持たない、人生の回復への可能性を高めるツールだと私は考えています。

その好例が、安福宣孝です。

安福は、それほど能力の高い選手ではありませんでした。入学当初は5軍。しかし、その大きな体格を評価して3年生からフッカーというポジションに変更しました。抜きんでた努力家であることが奏功し、めきめきとその実力を伸ばして4年生ではレギュラーを争うまでに成長しました。

彼に新たな適性を見いだすことができ、指導陣は皆、喜んでいたのです。

ところが、4年生の夏合宿、安福は大ケガをしてしまいました。その時期は、レギュラー争いの最後の山場です。

前十字靭帯断裂。膝のケガとしては最悪のケガ。手術をしなければ治らないが、手術をしても完治には8カ月以上。4年生の安福にとっては、最後のシーズンを戦わずしてあきらめなければならない。

夏合宿が行われている長野県・菅平で、私はドクターとトレーナーからそんな絶望的な「宣告」を受けました。

本人もスポーツを長く続けてきただけあってケガの深刻さは理解しており、その意気消沈ぶりは目を覆いたくなるものでした。

スタイルを考慮した「軽くいなす」というシナリオ

安福は、検査入院のために合宿先の菅平から東京に戻ることになりました。

その前夜、安福は「監督部屋」にやってきました。その表情たるや、まるでこの世の終わりのようです。

私は酒を飲みながら、そんな安福に明るくこう言いました。

「じゃあ、気をつけて。これを機に体を鍛えておけば、10月くらいにはチームに戻ってこられるんじゃないか」

安福は、あっけにとられていました。

「何言ってるんですか。そんなに速く治りませんよ。もう、大学選手権には間に合いっこない」

「いや、手術はしなくていい。リハビリで筋トレを続ければ、10月の終わりには絶対治る。そういうやつが、慶應にいたんだよ。死に物狂いで3カ月頑張れば大丈夫だ。10月の終わりには、大事な試合が始まる。おまえは欠かせない戦力だ。待ってるから、頑張ってほしいなあ」

この私の言葉は、「もうラグビーをやめよう」とまで思い詰めていた安福にとっては、「ふざけてんのか！」と後で振り返るほど、あまりに能天気に聞こえたようです。

しかし、私は安易にそう言ったわけではありません。

なんとか安福を復帰させられないだろうか。そう切に望んで、考え得るあらゆる可能性を模索しました。

そして、手術をせずに筋肉トレーニングによって前十字靭帯断裂を治した慶應大学の選手の例にたどり着いたのです。過酷なトレーニングによるリハビリは欠かせませんが、手術よりも短期間で治る。そう聞いたのです。

これは、誰にでも適用できる方法ではありません。努力家。人並み外れた根性。そんなスタイルの安福なら、そのゴールの達成は可能だと思いました。

あえて能天気に、酒を飲みながらこの話を告げたのは、私なりのシナリオでした。

努力家の安福には、「これは大ケガだ、大変だけど頑張ろう」と深刻なトーンで説得すると、逆に思い詰めてしまうのでは、という懸念がありました。だからあえて、「まったく問題ない、たいしたことのないケガだ。復帰例もあるんだから」と切り出したのです。

そして、チームに戻ってくることが前提ということを理解させるため、リハビリ中の役割もしっかり与えました。相手チームの戦力分析、後輩の相談相手など、練習に参加できないぶん、できることをやってチームに貢献してほしい、と。

自分は、ここに戻ってくる。

そう確信できたのか、監督部屋に入ってきたときの暗い安福はもうそこにはいませんでした。希望を感じさせる表情で、部屋を出て行きました。

果たして彼は厳しい筋肉トレーニングに耐え抜き、完治はしなかったものの、11月に復帰、12月には2軍の公式戦であるジュニア選手権の決勝メンバーとして、見事チームを優勝に導いてくれました。

安福は後日、ラグビーを辞めなくてよかったと振り返っています。

「絶望の淵に沈んでいるときに、軽くいなされ、今からが勝負だと新たなゴールを与えられたことで救われた」と。

狭い選択肢から抜け出すために、上の次元へと引き上げる

人は絶望の淵に追い込まれたとき、慰めを期待します。

安福は、私にも、チームのみんなにも同情し、優しい言葉をかけてくれることを期待したはずです。しかし、前にも書いた通り、慰めは何も生みません。本来、安福が持っていたレギュラーとして活躍したいという思いをかなえられるわけではないのです。

仕事にミスして落ち込んでいる部下をひたすら慰め続け、気休めを言っても意味がありません。それと同じことです。

同情してほしいという期待を取り合わず、そのミスをバネにいかに成長するかを探り、支援するのが本質的な期待です。

私も心の底から、安福に復帰してほしかった。選手生命をムダに断ち切ってほしくなか

った。だからこそ、何をしなければならないかを真剣に考えました。絶望を吹き飛ばすだけのインパクトを持つ「何か」が必要だと思いました。

それが、状況を軽く流し、彼を別次元へと導く方法でした。

安福は絶望の淵にいます。彼にとって時間を追うごとに状況は深刻さを増し、ラグビーをやめる、という狭い選択肢しか見えなくなっています。そんなときには、予想を超える方法で彼を上の次元へ引き上げ、視界を広く大きく持たせることが必要でした。

ケガはそれほど深刻ではない。そう軽く言っている人がいる。そして実際に治った人がいる。

この事実が、彼の視界を広げ、初めて次の行動へとかき立てたのです。

第6章
成長しつづけるための期待の哲学

本質を理解するために

ここまで、正しい期待をかけることで、他者や自分を成功・成長につなげるテクニックを主に語ってきました。

そして、最後は期待の哲学です。

「はじめに」で触れたように、哲学なしのテクニックも、テクニックなしの哲学も機能しません。VSSはあくまで一つのテクニックであり、その哲学を理解しない限り、本当にその人にどんな期待をかけるべきか、一人ひとりに対して応用は利かないのです。

人に期待し、人を成長に導くのは、100人いれば100個のプロジェクトマネジメントが成立する「個別案件」です。学んできたテクニックを誰に対しても、どんな状況に対しても活用できるよう、この章を読んでいただきたいと思います。

「期待」とは、あらゆる多様性を認めること

期待をかけるということは、その人らしさ、スタイルを認め、それに合ったゴールとそこに至る道のりを共有し、支援することである。

ここまで、そのように書いてきました。

しかし、そのとき多くの上司や親は、一つの悩みにぶつかります。それは、部下や子どもの個性がそれぞれ違いすぎて、その個性をどうとらえていいのか、どうボタンを押したらどう動くのかがわからないことです。

2008年のリーマンショック以降の景況感の悪化で、少し下火にはなりましたが、2000年代の初め頃から、企業では女性活性化を中心にダイバーシティ議論が活発になされるようになりました。

女性、シニア、外国人、若手……これらの多様な人材をいかに活用するかが、複雑性が高く、スピード感が増す市場に向き合うためには重要である。日本企業の日本人・男性だ

けでやっていくという単一型価値観の集合体は弱い。

こう叫ばれ、女性の管理職登用目標を設定したり、外国人の採用を積極化したり、若手中心のプロジェクトチームを作ったり、という動きが多く見られるようになりました。

これらの施策を、否定するわけではありません。やらないより、やったほうがましであることは事実です。

しかし、これらも「女性」「シニア」「外国人」「若手」など、人をあるカテゴリーで括っていること、つまり、ステレオタイプ化していることにほかならないのではないでしょうか。

女性はこうだろう。外国人はああだろう。若手ならば……。

このような十把一絡げの施策が、逆にその人それぞれの個性を見失わせることに、つながっていると、私は思うのです。

確かに、それぞれの個性を見極めることはとても大変なことです。10人部下がいるならば、10人の行動や考え方、態度をそれぞれ追いかけ、見つめていなければならないのですから。

しかし、ここで、再び「対極視点法」を使ってみましょう。

仮にもし、人がすべて同じ顔、同じ考え方、同じ強みを持つ人ばかりだったら、どれだけ世界はつまらなくなるでしょうか。

同じ考え方をする人ばかりだったら……。自分とそもそも同じ考え方なのだから、相手に気持ちを問う必要はなくなります。そこに対話は生まれません。

食べ物や洋服の好みが、すべての人が同じだったら……。多種多様な食物、幅広い選択肢のレストランや、洋服のブランドも必要ありません。

世界には同じような建物、同じようなモノがあふれ、旅行してまで見に行く必要もないはずです。

極論、と言われるかもしれません。しかし、社会的通念や企業の方針など、同じ価値観、同じ行動という枠に部下や子どもを当てはめることは、これとそう変わらないことだと私は思うのです。

さらに言えば、人がそれぞれ個性を持っていることが、今の多様な世界を作り上げていることの礎になっているはずです。それぞれの個性を認め、その個性を発揮させることが、人の成功や成長、ひいては企業や国、世界の発展につながっていきます。

画一化やカテゴリー化は、多様に満ちた世界の面白さと可能性を、多くの人が手放そうとしているのと同じことなのです。

新宿のショーパブで働く「女性」を経営企画室に配属できるか

「その通り」「当たり前のことだ」と同意してくださる方も多いはずです。

とはいえ私は、その人の個性を認めるということは、それほどきれいごとですまされるものでないことも充分に理解しています。

5章で登場した山中亮平や豊田将万のように、生意気だったり、暴れん坊だったりと、振る舞いだけ見れば決してほめられたものではない個性を持つ人も少なくありません。目に見える、見えないにかかわらず、障害のある人もいます。かく言う私自身も、幼い頃から「読字障害」に悩まされました。文字を読むのが遅く、また、それを理解するのにとても時間がかかるのです。

性同一性障害に苦しむ人もいます。これは以前、テレビで観た話です。性同一性障害を持つ、体は男性、心は女性という人が、女性の格好をして新宿のショーパブで働いていました。

「本当はいろんな仕事にチャレンジしてみたかった。でも、自分が自分らしくいられるのはここしかなかった」

その言葉に、胸に込み上げてくるものがありました。

ショーパブの仕事を「天職」と思ってやっているのならば、それはとても素晴らしいことです。しかし、そうではない人もいるはずです。本当は他にチャレンジしたいことや、他に才能があるにもかかわらず、それができる場所では自分らしさを出すことができない。だから、そこで働いているというならば、その人にとって幸せとは言えないでしょう。

画一化、カテゴリー化を超えて、その仕事に本当に適した強みを持つ人を見極め、経営企画室に、人事に、営業の現場に配属できるか。それが、企業にとっては真のダイバーシティだと思うのです。

自分らしさをカミングアウトできる。
それをその人のスタイルとして、それを活かした期待をかけられる。
それが、期待の哲学です。

未知なる可能性をつぶさないために、すべては「点」から「線」へ

そして、画一化、カテゴリー化に加え、多様性を活かそうと言いながら、期待をかけるとき、どうしてもその人を「点」というスキルでとらえがちなことも、大きな問題の一つだと私は考えています。

数学が得意。
営業が得意。
コミュニケーション力がある。

もちろん、得意なことに取り組ませ、それを伸ばすのは正しい期待の要件の一つです。
しかし、このように一つのスキルでとらえたときの問題点は、もし、営業から他の部署に異動になったら、数学以外の勉強をせざるを得なくなったら……というように、ゴールの

内容に自由度がなくなったとき、対応のしようがないことです。

一つのスキルばかりを見ていたら、変化に対応できない人を育てることになりかねないのです。

その人が得意なことの背景には、必ずその人が物事に向き合う姿勢や、それが得意な理由があります。

数学が得意ならば、理科も得意なんだろうな、と考えるのはあまりに早計です。

ある文脈から推理して答えを導くことに長けているから、数学が得意。

ならば、この人が他にできるようになる可能性があるのは、理科ではなく英語や国語なのかもしれません。

この例でいえば、数学、英語、国語という「点」が、「ある文脈から推理して答えを導く」という「線」、つまりスタイルで結ばれている、ということになります。

未知なる可能性をつぶさないためにも、見誤らないためにも、そして、未知の領域への挑戦を支援するためにも、その人らしさは「線」でとらえるべき、というのは、既に述べた通りです。

一瞬一瞬が、その人らしい生き方をしたという納得感を得るために

そして、もう一つ、「線」の重要性を感じていることがあります。

それは、ストーリーという「線」の重要性です。VSSのVはヴィジョン、つまり、ゴールです。ゴールの達成を目指して期待のプロジェクトマネジメントをすべき、と繰り返し語ってきました。

しかし、ゴールという「点」だけを見た、ゴールオリエンテッド（目的志向）を極めたマネジメントにも、私はリスクを感じています。

対前年20％アップの営業目標を掲げ、本人も切にその達成を願っている。そのために描いたストーリーは、新規開拓30件以上。しかし、本人は何よりも新規開拓が嫌い。でも、達成のためだから、歯を食いしばって頑張ろう。

美術大学を目指したい。本人も一生、絵を描いていきたい。デッサン力を上げるために、

石膏像の木炭デッサンをひたすら繰り返さなければならない。けれど、石膏像の木炭デッサンには飽き飽きしている。でも、美大合格のためだから……。

このようなことは、実際にたくさんあるのではないでしょうか。あるゴールを達成するために、相応の努力が求められるのは仕方ありません。

しかし、何もわざわざその人のスタイルを無視したストーリーを選ばなくてもいいのではないでしょうか。

もし、そのゴールの達成がその人のスタイルを無視したストーリーでしか得られないのであれば、つまり、そのゴールの達成にはその方法が付きものなのであれば、そのゴールそのものが実はその人に向いていない、あるいは現実感がないものである可能性だってあるのです。

そして、ストーリーにスタイルが反映されるべきその意味は、「それが本人にとってストレスやプレッシャーなく、最も力を発揮できるから」という既に述べた理由だけではありません。

ゴールを達成した瞬間だけでなく、ストーリーの線上にいる時間すべてがその人らしく、その人にとって有意義な時間になり得るからです。

残念なことに、人はすべてのゴールを達成できるわけではありません。

いくら努力しても、他の人がその人よりもたくさんの努力をしたら……。

ゴールにしていたものが、陳腐化して意味のないものになってしまったら……。

そして、ゴールに向かう途中で死んでしまったら……。

こうした可能性は、決してゼロではないのです。

自分がゴールに向かう途中で中断を余儀なくされたり、ゴールが達成できなかったりしたとき、もし、ゴールに向かうプロセスが自分のスタイルを無視した、つらくて厳しい道のりだけだったとしたら、人はそれに納得できないのではないでしょうか。

もちろん最初から、「プロセスさえよければ、ゴールを達成しなくてもいい」などとは言いません。

しかし、失敗したとき、中断せざるを得なかったときにも、頑張ってきた自分を振り返ったとき、現在とゴールをつなぐストーリーに、その人のスタイルが埋め込まれていたならば、常に自分らしくいられた、自分らしい生き方をしているという納得感が得られるのではないでしょうか。

5章で登場したキャプテンの豊田が、もし、彼のスタイルを曲げてキャプテンらしく振る舞って、負けてしまっていたら……。

いくら「いいキャプテンになったよ」と言われても、彼は後悔したに違いありません。

「成功」は「試合終了」ではない

ここまで書いてきたように、現時点と、ゴールを結ぶのがストーリーという「線」です。ただし、その「線」は、ゴールが終点ではない、と私は考えています。ゴールの後には、「成長」という連続した「線」がそのまま続いています。

5章で登場した内村のケースのように、明示的にゴールに「成長」を設定することはあります。しかし、一般的には、ゴールにはわかりやすく「成功」を設定するのが普通です。

ここであらためて整理しておきますが、私は「成功」と「成長」という言葉を、明確に区別して使っています。

あくまで私の定義ですが、

- **成功とはある目標を成し遂げること**

・成長とは目標を達成したかどうかに関係なく、そこから何かを習得して、それを次のステップに活かせるようにすること

です。

成功というゴールは、それを達成した瞬間に過去になります。

成長は一つのゴールの達成いかんにかかわらず、ずっと未来まで「線」が続いている、というイメージです。

考えてみれば、人生においては「ゴールの達成」＝「あがり」「試合終了」、というわけではないし、達成しなかったからといって、その先にある崖っぷちに落ちてしまうわけでもありません。

人生は、一時として止まることはないし、実際には、ゴールに向かう道のりも、ゴールの後に続く道も、すべて一つの連続感の中にあるのです。

だから、成功という一つのゴールだけを見て、期待をかける相手あるいは自分自身の成長を考慮しないのだとしたら、それは果たして正しい期待と言えるでしょうか。

期待をかける側に求められる、失敗を恐れず成長を願うスタンス

これは、友人が実際に経験した話です。

彼女が通っていた高校は進学校で、彼女はその中の国公立受験クラスに在籍していたそうです。クラスの人数は45人。そのうち、浪人したのはたった二人。数人の推薦入学以外はほとんど普通受験。

今から20年以上前の話ですから、現在の大学全入学時代と言われる時代とも、話は違います。そう考えると、その現役合格率は驚異的な数字だと言えそうです。

なぜ、そんなに高い現役合格率があり得たのか。

それは担任の教師が進路指導の中で、「受かる大学を受けさせたから」だと彼女は言います。当時、一人の生徒が受けられる国公立の大学は、前期・後期入試で合わせて2校。その教師は、前期・後期とも果敢なチャレンジをさせなかったそうなのです。

確かに偏差値の高い大学に行くことが目的ではありません。とはいえ、彼女自身、「どんな学部に行きたい」「どんな大学に行きたい」ということよりも、「おまえは英語ができるんだから、英語の配点の高い学部を選べ」というような指導をされたのだそうです。結果、ほとんどの生徒が「合格」というゴールを達成して、卒業していきました。挫折感を味わわせたくない。それがその教師の「親心」だったのかもしれません。

しかし、それぞれの強みや可能性を見極め、成功だけでなく、長い期間での成長を意識していたら、もっと別の進路指導があり得たのではないでしょうか。

人によっては、現役での合格は難しくても、状況さえ許せば、浪人して本当にやりたいこと、向いていることを目指す、ということができたのかもしれません。

また、こんな例もあります。

多くの企業が目標管理制度を一斉に導入したときのことです。企業によって多少の差はありますが、期の初めに上司と部下で目標をすり合わせ、その達成の度合いによって評価が決まる、というものです。

すると、何が起こったでしょうか。

目標という成功を達成しなければ、本人の評価もマネジャーの評価も上がらないので、クリアできる目標ばかりを設定するようになってしまいました。そもそもそれほど頑張らなくても達成できるゴールであれば、いくら達成したとしてもそれほど人は成長しない、ということが起こり得るのです。

成功というゴールを達成できなかったとき、失敗であることは事実です。しかし、それに必死に取り組んだ人は、成長していないはずはありません。単に成功したかどうかだけに注目していたら、その成長すら見逃すことになってしまいます。高めのハードルを設定し、失敗を積み重ねることが、成長にとっては大事なこともあるのです。

- **今は評価が決まる場だからこそ、成功を追い求めるとき**
- **成功してもしなくてもチャレンジすべきとき**

期待をかける側がそのような切り分けをすることは欠かせませんし、基本的には常に、成功だけでなく、成長を願うスタンスを忘れてほしくありません。

「振り返り」が人のさらなる成長を促す

そして、本当にその人の成長に期待するのであれば、ゴールの達成をともに喜び、不達成をともに残念に思う、というように、結果を共有するだけでは不充分です。

- なぜ達成できたのか、できなかったのか
- どこがよかったのか、悪かったのか

これを明確にするための振り返りが、その人の成長を左右すると言っても過言ではありません。次に同じ目標にチャレンジするにしても、そうでないにしても、次に成功するためには、さらに高いレベルに到達するには何を同じようにして、何を変えるべきなのかを知らなければならないからです。

このとき、再びVSSを描いておいたことが大きな意味を持ちます。

達成できなかったとき。

・ゴールの設定が悪かったのか
・ストーリーに無理があったのか
・スタイルに合致した逆境の乗り越え方を見誤っていたのか

VSSと照らし合わせることで、どこがよかったのか、問題があったのかが浮き彫りになるからです。

達成できたときにも、もちろん同じです。

もし、同じことをもう1回やるとしたら。もっと効率よく、もっと高いレベルの成功を得るには何をどう変えるべきか。

このような振り返りによって、成功の後につながる成長という「線」は、より上へ、上へと向かうはずです。

たとえ、その人とかかわるのが数カ月だとしても、数年だとしても、その時間は決して区切られた時間ではない。その人の人生の、連続した時間軸の中にあって、その時間は後のその人の人生に少なからず影響を与える可能性がある。

期待をかけるということは、それだけの覚悟が必要なのです。

おわりに

本書の「はじめに」で、私は読者の皆さんに、もし期待をかけている相手がなかなか成長しない、成果を挙げられないという悩みを持っているならば、期待のかけ方が間違っているのかもしれない、という問いかけをしました。

いかがでしょうか？

皆さんの期待のかけ方は間違っていたでしょうか？

ここで論じた期待のかけ方は、皆さんや周囲の方々それぞれの幸せを、少しでも支援できたでしょうか？

最後にもう一度、読者の皆さんそれぞれに、私がこの本で伝えたかったメッセージを整理しておきます。今、すべきこと、考え直すべきことを、本書の内容を思い出しながら、心に焼き付けていただければと思います。

部下の成長を願う上司、リーダーへ

組織の場合、それぞれの部下に与えるゴールは、その組織の目的を達成しなければならない以上、「得意なこと」「好きなこと」だけを設定するのは難しいかもしれません。また、1カ月、3カ月、1年と、比較的短い期間でゴールを達成しなければならないという制約もあります。

しかし、そうしたさまざまの制約の中でも、部下の成長を信じ、自由になるストーリーやシナリオにスタイルを反映することを忘れないでください。

部下と常に対話をし、彼らを過度のプレッシャーやストレスから解放してやってください。

部下には部下のスタイルがあります。

そして、時代も確実に変わっています。自分の成功体験や、「あるべき論」を押し付けることをやめてみましょう。そうすることで、部下は確実に、力強く、ゴールへの歩を踏みしめてくれるはずです。

子どもの成長を願う親、先生へ

子どもは、大人と比べれば無限と言っていいほどの成長の可能性を秘めています。

それは、ゴールまでの時間が長く、その分ストーリーやシナリオの自由度が高いからです。

受験での合格や成績アップ、スポーツでの成果は、ゴールへの一つの通過点に過ぎません。

そこでの成功に一喜一憂するよりは、本当にその子らしい人生を歩むために、どんなゴールを設定したらいいのか、充分子どもと話し合うといいでしょう。

こんな人生を歩んでほしい。

こうなってくれたほうが、この子にとって生きやすいはず。

そんな期待をまずは捨てて、本当は何に向いているのだろうか、本人は何が好き、何が得意なんだろうか、どんな態度で物事や人に向き合うのだろうかと、温かい目線で子どもを見つめ直してみてください。

就活中の学生、新入社員など、自分の強みを見つけたい人へ

あなたの本当の強みは、なんでしょうか？

リーダーシップ。協調性。人を巻き込む力。コミュニケーションスキル……。

本当は何をやってみたいですか？

グローバルに活躍すること。イノベーションを起こすこと。新しいアイデアを次々と出すこと……。

それらは心の底からそう信じられる強みや志向ですか？　企業の面接担当者や人事、上司がそのような答えを求めているのではないか、と考えて、無理に言葉を絞り出していないでしょうか。

本心から出た言葉でなければ、人の心を打つことはできません。また、信じた人がいたとしても、もし、そこで描いたゴールやストーリーが自分のスタイルを反映したものでなければ、自分らしさを発揮できないのですから、長い仕事人生の中で苦しむのは自分です。

自分が自分の仕事人生にかける期待は何か。それを達成するストーリーをどう描くのか。

面接やキャリアアップのためのノウハウ本を脇に置いて、そこから始めてみましょう。

自ら成長したいと思うすべての人へ

今まさに、「こんなはずではなかった」「もっと成長してもいいはずなのに」と、もやもやを抱えているのであれば、走り続けるのをやめて、一度立ち止まってみてください。

逆説的に言えば、それは自らを成長軌道に乗せるチャンスでもあります。

これまで受けてきた組織や上司、あるいは家族から受けてきた期待は、本当にあなたらしい、あなたの気持ちを汲んだものだったでしょうか？

もし、そうでなければ、その期待に応えることが苦しくて、成長のエンジンを止めたり、スピードをゆるめる原因になっている可能性は充分あるのです。

そして、周囲が成功しても、成果を出しても焦らないでください。あなたにはあなたに合った成長のスピードがあるのです。

あなたらしい人生とは、どんな人生でしょうか？

自らのスタイルを問い直し、それに沿ったVSSを作ってみてください。

……このようにすれば、
すべての人にとって、
期待は成長や成功を阻むものではなくなり、
成長や成功を支援する
欠かせないテクニックになるはずです。

あらためて、正しい期待によるすべての人の成長と成功を祈って。

中竹竜二

ディスカヴァー携書 119

自分で動ける部下の育て方
期待マネジメント入門

発行日　2014年4月20日　第1刷
　　　　2016年2月15日　第2刷

Author　中竹竜二

Book Designer　石間 淳
Illustrator　ムーブ

Publication　株式会社ディスカヴァー・トゥエンティワン
〒102-0093　東京都千代田区平河町2-16-1 平河町森タワー11F
TEL　03-3237-8321（代表）
FAX　03-3237-8323
http://www.d21.co.jp

Publisher　干場弓子
Editor　石橋和佳　林秀樹

Marketing Group
Staff　小田孝文　中澤泰宏　片平美恵子　吉澤道子　井筒浩　小関勝則
千葉潤子　飯田智樹　佐藤昌幸　谷口奈緒美　山中麻吏　西川なつか
古矢薫　米山健一　原大士　郭迪　蛯原昇　安永智洋
鍋田匠伴　榊原僚　佐竹祐哉　廣内悠理　松原史与志
本田千春　松石悠　安達情未　伊東佑真　梅本翔太　奥田千晶
田中姫菜　橋本莉奈
Assistant Staff　俵敬子　町田加奈子　丸山香織　小林里美　井澤徳子　橋詰悠子
藤井多穂子　藤井かおり　福岡理恵　葛目美枝子　竹内恵子
熊谷芳美　清水有基栄　小松里絵　川井栄子　伊藤由美　伊藤香
阿部薫

Operation Group
Staff　松尾幸政　田中亜紀　中村郁子　福永友紀　山﨑あゆみ　杉田彰子

Productive Group
Staff　藤田浩芳　千葉正幸　原典宏　三谷祐一　大山聡子　大竹朝子
堀部直人　井上慎平　林拓馬　塔下太郎　松石悠　木下智尋

Proofreader　文字工房燦光
DTP　株式会社T&K
Printing　凸版印刷株式会社

ISBN978-4-7993-1479-1

携書ロゴ：長坂勇司
携書フォーマット：石間　淳